新NISA 成長投資枠でお金を増やす!

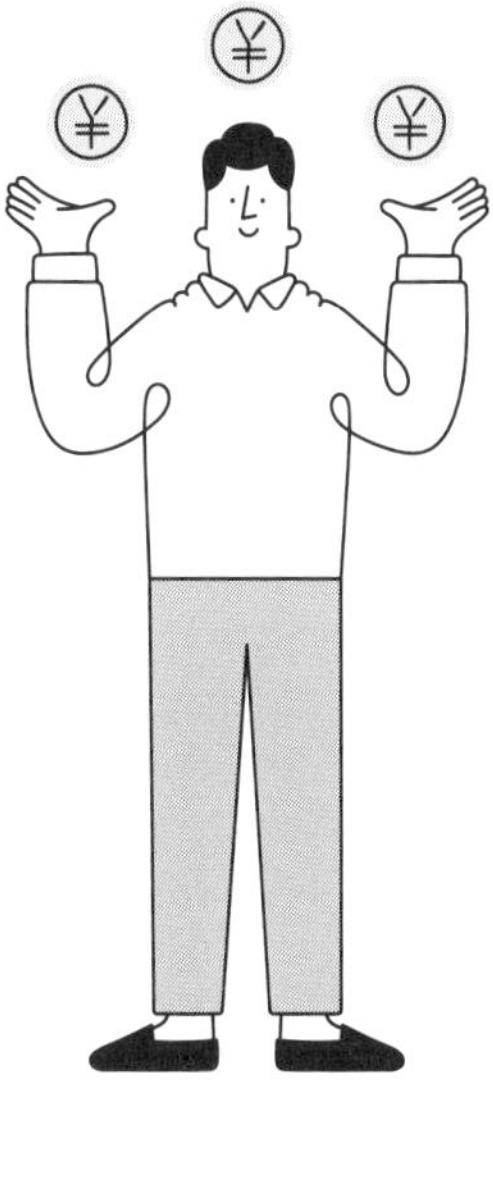

ファイナンシャルプランナー
村松祐子

河出書房新社

「成長投資枠」で楽しみながら長期スタンスで増やす！――はじめに

NISAといえば、積立形式で株式投資信託を定期定額購入していくものと思っていませんか？新しいNISAは、投資できる期間ならびに非課税で保有できる期間も無期限になり、ふたつの投資枠を併用できるようになりました。これにより、どの年齢の方も、どのライフサイクルにおいても、柔軟にそして安定的な資産づくりがしやすい制度になりました。

成長投資枠は、まとまった資金で一度に購入することも、積立で購入することもでき、自身の目的や方法に合わせて自由に活用することができます。例えば、気になる企業5社（5銘柄）に投資し、残りの投資枠で株式投資信託を積立形式で購入していくのもひとつの方法です。すべて積立形式で株式投資信託を購入する、あるいは株式投資のみで利用することもできます。

2023年までのつみたてNISAで投資信託を定額購入していた方も、成長投資枠で株式投資デビューするチャンスです。

ストレスなく「楽しい」「ワクワクする」気持ちがあると何ごとも継続しやすいため、成長投資枠では自分が好きな企業に投資してみるのも方法のひとつです。テンバガーといわれるような10倍になりそうな銘柄を狙う株式投資ではなく、長期スタンスでゆっくり利益を生み出す投資法です。自分が選んだ企業に投資をしながら、定期的に配当金や株主優待を受け取り、企業の成長を長い目で待ちます。長期保有であれば短期的な変動が平均化され、安定して利益を得やすくなると期待できます。

株式投資は、企業に対して長期的な成長を見込んで資金を投じます。企業は投資家から受けた資金を事業に活用し、投資家は企業から還元《かんげん》を受けるという関係性が株式を保有している間、ずっと続きます。お金は、企業の事業の発展に使われ、私たちの暮らす街、国を豊かにし、社会の課題解決につながっていきます。

若いうちから投資をすれば、その分長期間の投資が可能になるため、少額でも時間を味方につけながら、早くから投資をスタートしたほうが有利です。ただし、投資は損失が発生することもあり、リスクを伴います。そのため、投資先の財務や経営状況の安定性、事業の将来性など様々な角度から調べることも必要です。というと難しく感じるかもしれませんが、その方法を習得し面白くなってしまえばお手の物です。

本書では、銘柄探しのヒントとして2章で推し株の探し方「テーマ別特選5銘柄」を紹介しています。まずは気になる企業や、その周縁の業界について、3章の「銘柄選びの目のつけ所」を参考に調べてみてはいかがでしょうか？　チェックポイントのすべてを確認する必要はなく、投資年数を重ねながら、じっくりひとつひとつ実践により活用を定着していただけるよう役立てていただければと願っています。

村松祐子

1章 新NISA登場! 資産づくりを始めよう

2章 テーマ別特選5銘柄！「推し株」探しの超ヒント

3章 企業の実力を見抜け！ 銘柄選びの目のつけ所

4章 有望企業を探せ！ ワンランク上の目利き力を磨く

5章 ここにも注目！ 勝敗を分けるキーポイント

6章 株は山あり谷あり！ 判断を間違えないための勘所

7章 新NISAをフル活用！ お金と人生の万全プラン

カバー装幀◉こやまたかこ
カバーイラスト◉Shutterstock
本文イラスト◉瀬川尚志
協力◉NEO企画

おことわり

＊本書に登場する個別企業（銘柄）は、投資をイメージするための参考として紹介しています。特定の銘柄を推奨《すいしょう》することを目的とするものではありません。

＊株価については、2024年2月9日現在の値を示しています。複数の銘柄を保有した場合の評価については2023年12月の株価を基準に示しています。

＊本書では、復興特別所得税は考慮せず、金融商品にかかる税金について約20％としています。

＊本書の内容は、執筆時点における情報から構成しております。正確性には注意を払っておりますが、適合性、有用性、正確性、完全性を保証するものではなく、あくまで考え方を参考にしていただくことを目的としたものです。特定の投資勧誘を意図するものではなく、投資先や運用成果を保証するものではありません。

＊読者の皆様がこれらの情報を用いておこなう判断のすべてにおいて、本書および筆者が責任を負うものではありません。

＊最終的な投資の判断および決定については、読者の皆様ご自身のお考えでおこなっていただくようお願いいたします。

1章

新NISA登場！
資産づくりを始めよう

低金利に物価高… 将来に備え、資産を増やす必要が！

日本ではこれまで長らくデフレが続いてきましたが、２０２２年からは急速に物価上昇が進み、インフレ時代を迎える時期もそう遠くはなさそうです。となると、様々なライフイベントの資金や老後に必要な生活費も想定以上に膨《ふく》らむと考えられます。

このような環境で、低金利の預金だけで資産を増やすことは困難です。投資にはリスクがありますが、お金はあったほうが人生の選択肢が増え、まだ起きていないことへの不安にかられることも少なくなるでしょう。

まずは、投資の種類や仕組みについて学び、自分にもできそうだと思えたときに始めたらよいのではないでしょうか。

「習うより慣れよ」というように、実際に体験してみないと机上《きじょう》の学習で得た知識だけではわからないことが多々あります。始める際は無理のない範囲の金額で始めてみることです。

新しいＮＩＳＡには「つみたて投資枠」だけではなく、「成長投資枠」も利用することができ、成長投資枠では、つみたて投資枠では買えない株式の個別銘柄に投資をすることが可能です。自分が選んで投資した個別銘柄の人気が上がり株価が上がると、お金も増えますが、それ以上に喜びは絶大です。

新しいNISAを活用してコツコツ増やす

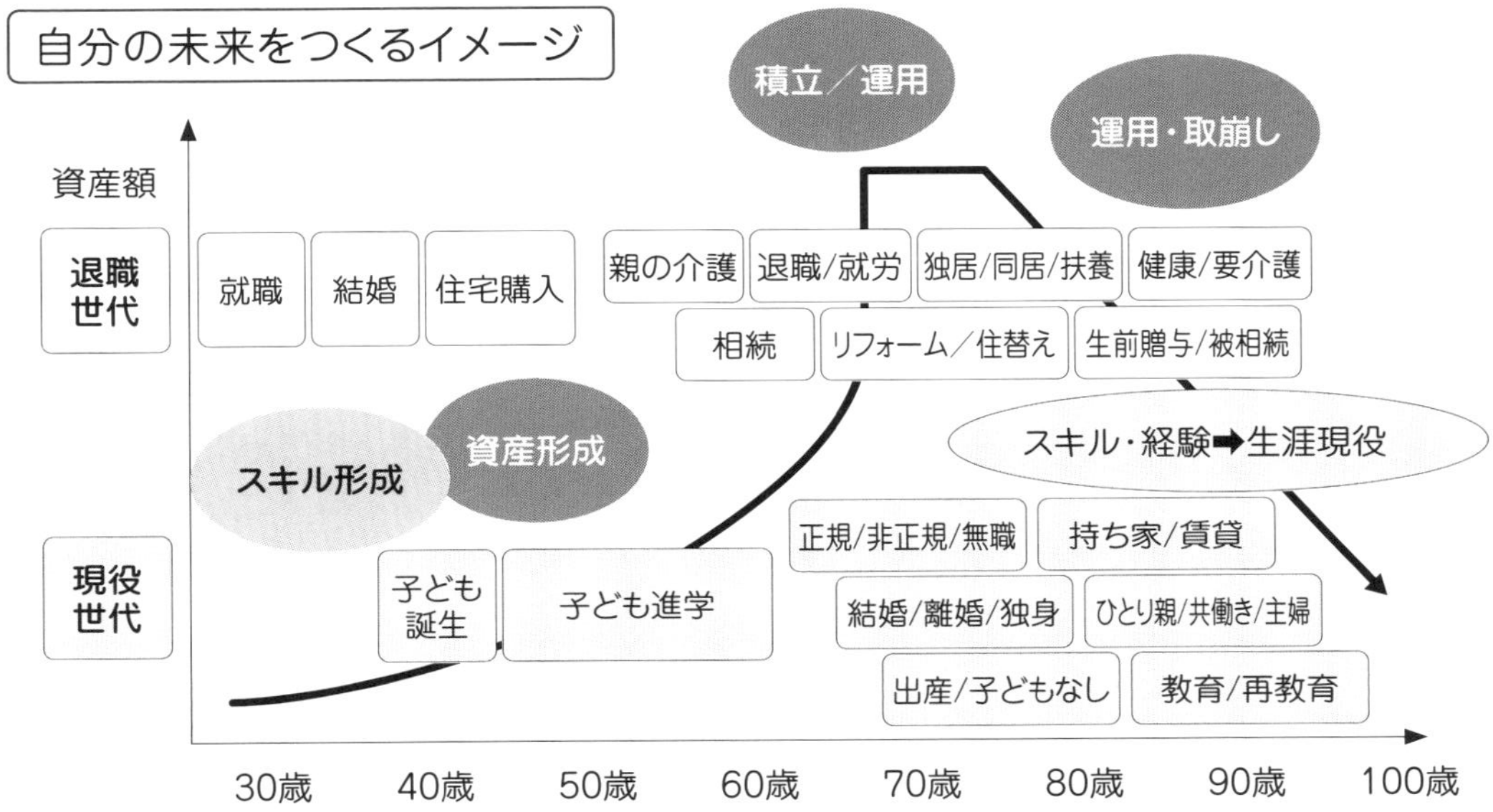

（出所）高齢者社会における金融サービスのあり方　金融庁　平成30年7月

新しいNISA「成長投資枠」をどう活かすか

成長投資枠で自ら選んだ個別銘柄で、投資先を分散してリスクを抑えて結果を出す方法を考えましょう。

例えば、株式5銘柄に投資した結果、１２０万円の投資額に対して10年後には３７０万円のおよそ3倍になるというように。5銘柄すべて値上がりしなくても大丈夫です。値下がりしている銘柄や期待する結果が得られていない銘柄があっても、残りの銘柄の株価が上昇し、互いの値動きを補い合っていれば、資産を3倍にできる可能性があります。これを毎年成長投資枠で投資額を積み上げていくことで資産をつくっていきます。

また、株式投資には値上がり益（キャピタルゲイン）だけでなく、企業の利益から配当を投資家に還元してくれる配当収入（インカムゲイン）も期待できます。高配当を続ける銘柄を5銘柄保有することで年2回配当収入が得られます。左ページに示した例のように投資額１７７万円に対し5銘柄の平均配当利回り3・6％の6・4万円が配当収入となり、利益である配当収入には税金がかかりません。成長投資枠の保有限度額１２００万円まで投資をしていくと配当利回り3・6％の場合、年間配当金は43・2万円、8・6万円の税金がかからず受け取ることができます。さらに企業が増配を実施する可能性も踏まえると配当収入はこれより増えることが期待されます。

「株価の値上がり（キャピタルゲイン）モデル」と「配当金（インカムゲイン）モデル」

株式投資 キャピタルゲイン モデル

銘柄名	株価(円)2014.02	100株単位の購入金額(円)	株価(円) 2024年2月9日	100株単位の評価額(円)	10年(倍)
機械　A社	5,837	583,700	21,425	2,142,500	3.67
繊維製品　B社	701	70,100	674.7	67,470	0.96
ガラス・土石製品　C社	2,876	287,600	3,755	375,500	1.31
食料品　D社	1,670	167,000	4,450	445,000	2.66
小売業　E社	1,091	109,100	7,277	727,700	6.67
5銘柄合計		1,217,500		3,758,170	3.09

※2014年2月末終値、2024年2月9日終値

5銘柄に分散投資した結果、すべての銘柄で大きな利益を出していなくても、トータルで3倍になっている。

このような株式投資を毎年おこない、長期保有することにより成長投資枠1200万円が3倍の3600万円になることも夢ではない。

配当金 インカムゲイン モデル

銘柄	株価(円) 2024年2月9日	100株購入金額	1株当たり年間配当金(予想)	予想配当利回り(%)	年間配当金※(100株保有の場合)	10年間のインカムゲイン	課税の場合の受取金額	10年間の非課税効果
サービス　F社	1,228.0	122,800	63	5.1	6,300	63,000	50,400	12,600
食料品　G社	3,938.0	393,800	200	5.1	20,000	200,000	160,000	40,000
情報・通信　H社	3,545.0	354,500	105	3.0	10,500	105,000	84,000	21,000
海運　I社	4,595.0	459,500	130	2.8	13,000	130,000	104,000	26,000
情報・通信　J社	4,467.0	446,700	140	3.1	14,000	140,000	112,000	28,000
5銘柄合計		1,777,300		3.6	63,800	638,000	510,400	127,600

※年間配当金が変わらないと仮定していますが、実際は業績の向上により連続増配を実施することがあります。

好配当5銘柄で年間配当金約6.4万円　10年間の非課税効果は約12.7万円
成長投資枠の限度額1,200万円まで投資をしていくと、年間の配当収入およそ43万円を非課税で受け取ることも。
将来の老後には配当収入を非課税で受け取り暮らしのゆとりに。

こんなに有利に！新NISA制度のポイント

いよいよ新しいNISAが始まりましたが、ここで新しいNISAの仕組みをおさらいしてみましょう。新しいNISAは投資による利益が非課税になる資産形成の制度です。様々な改善により、大きな資産をつくる目的に適した資産形成の手段として生まれ変わりました。

新しいNISAでは、非課税で商品を保有できる期間が無期限となり、口座開設期間も恒久化されました。つみたて投資枠と成長投資枠の併用が可能となり、それぞれの年間投資限度額も大幅に拡充されています。日本に住む18歳以上の方ならどなたでも利用できます。

つみたて投資枠は年間１２０万円、成長投資枠は年間２４０万円、合計最大で年間３６０万円までの投資が可能となっています。また、年間の投資枠とは別に、生涯の投資枠の上限額が１８００万円（成長投資枠の上限は１２００万円）と定められていますが、この枠は再利用が可能です。新NISAで購入した金融商品を売却した場合、その商品の購入金額分だけ、非課税保有限度額が復活します。売却した翌年以降、復活した投資枠を新たな購入に利用できます。

投資により得た利益には通常約20％の税金がかかるところ、NISAで得た利益は非課税で受け取ることができます。投資による利益とは、株式や投資信託などの商品を売却したときの利益、配当金、分配金などが該当《がいとう》します。

新NISAの仕組み

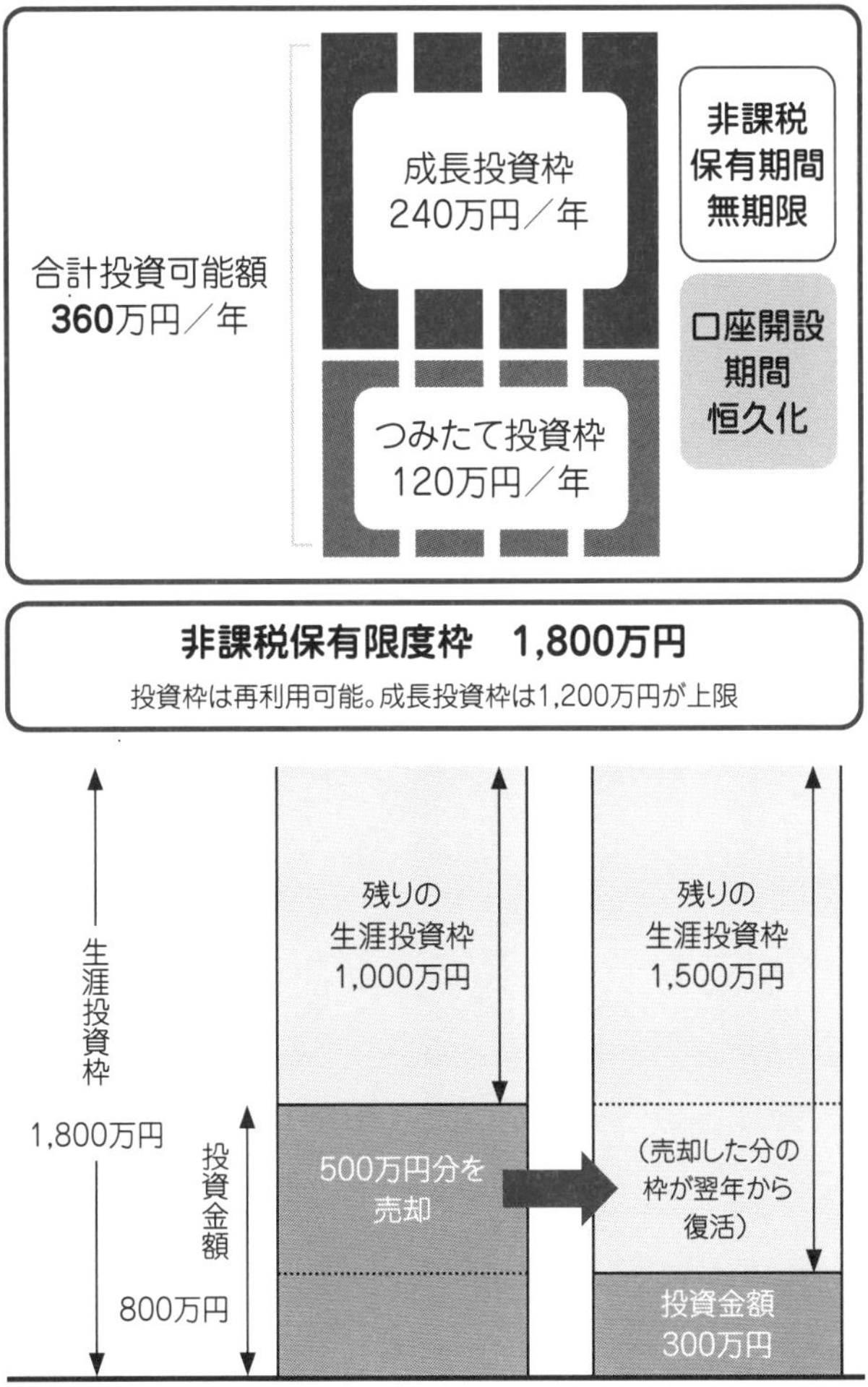

売却に際して復活するのは、売却した金額分ではなくその金融商品の買値（購入金額）分です。

つみたて投資枠で長期・積立・分散投資を！

つみたて投資枠では、積立形式により株式投資信託を購入します。積立投資（定期継続買付）のみで利用し、一括投資はできません。

つみたて投資枠の投資対象となる商品は、金融庁が定めた一定の基準に合った公募株式投資信託と上場株式投資信託（投資対象資産が株式のＥＴＦ）です。投資対象が国債、公社債など債券のみに限定された投資信託やＲＥＩＴ（不動産投資信託）、個別株式には投資できません。

金融庁が定めた基準とは、投資信託の管理費用である信託報酬が一定水準以下（インデックス投信で国内株式の場合は年０・５％以下、海外株式の場合は年０・７５％以下）、販売手数料が無料、信託期間は20年以上または無期限、毎月分配型ではないなどが定められています。長期・積立・分散投資に適した商品に限定されており、ゼロから資産をつくっていきたい方にも利用しやすいといえます。金融庁のホームページにおいて対象商品のリストが公開されています。

つみたて投資枠対象商品（※）は、現在、「指定インデックス投資信託」が２２７本、「指定インデックス以外の投資信託（アクティブ運用投信等）」が47本、「上場株式投資信託（ＥＴＦ）」が８本で、合計２８２本あります。この中で純資産総額が１兆円を超える人気のある商品は一握り。「指定インデックス投資信託」が選好されており、米国株式に人気が集中している傾向があります。

（※）つみたて投資枠対象商品の本数は、2024年2月29日現在

つみたて投資枠で買える商品の特性

長期・積立・分散投資を後押しする
つみたて投資枠の対象商品

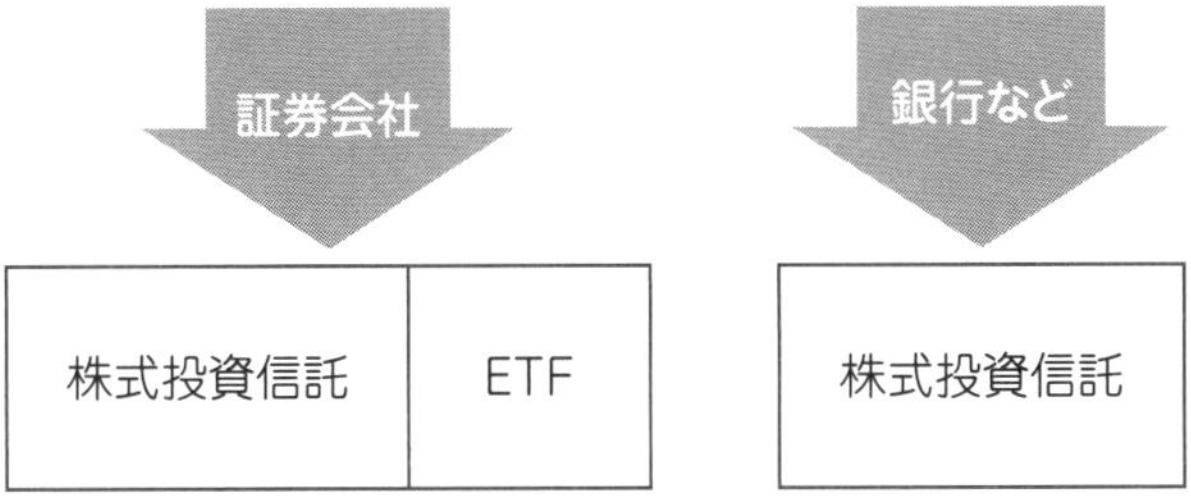

長期・積立・分散投資による資産づくりに適した一定の要件を有する商品のみが対象

- 信託期間が無期限もしくは20年以上
- 毎月分配型ではないこと
- 販売手数料が**無料**（ノーロードといいます）
- 保有時の管理手数料（信託報酬といいます）が**一定水準以下**

長期・分散投資に適した一定の株式投資信託

※対象商品は、金融庁 NISA特設ページ、ウェルスアドバイザーで調べることができます。

金融庁　　ウェルスアドバイザー

自由度の高い成長投資枠の特性を活かそう！

成長投資枠は、旧NISAの一般NISAに該当します。つみたて投資枠で買える商品を含め、株式の個別銘柄やETF、REITなど幅広い商品への投資が可能です。ただし、整理・管理銘柄や信託期間20年未満、デリバティブ取引を用いた一定の投資信託は除外されます。

成長投資枠では、定期的に継続して積立投資をしてもよし、一括投資をしてもよし、活用の仕方は自由です。非課税保有限度額の1800万円（成長投資枠の上限は1200万円）の再利用が可能となっていることで、利益が出た株式を売却し、翌年以降に復活した投資枠を利用して別の株式などを購入することもできます。

つみたて投資枠と同じ商品を成長投資枠で同様に毎月積立投資することもできるため、月10万円を超える金額を投資に回せるという方は、同一投資信託を定期継続積立により資産づくりをすることもできます。

少し攻めていきたいという方は、高配当銘柄を中心に個別銘柄を保有してもよいでしょう。さらに積極的に収益を狙う方は、タイミングを計りながら一括投資の選択肢もあります。投資の進め方が自由であるため、自身の考えに合った方法で成長投資枠を活用すればよいでしょう。自分で調べて1社でも株主になると、つみたて投資枠では得られない投資の学びの場になります。

成長投資枠の運用方針の選択肢

成長投資枠（年240万円）	
運用方針	**投資手法・商品例**
安定的に慎重に運用したい	つみたて投資枠と同様に定期的に一定金額ずつ投資する。
やや積極的に運用したい	高配当や増配を維持する個別株に投資、長期保有する。
積極的に運用したい	相場の調整局面などに一括投資する。アクティブ型の投資信託や個別株に投資する。

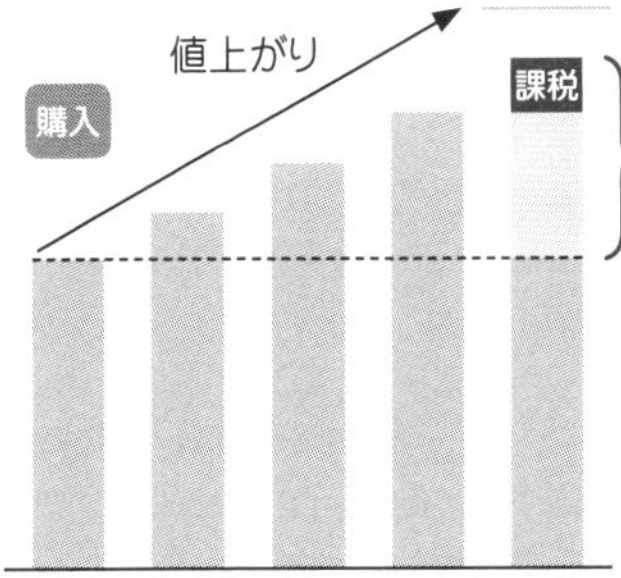

値上がり益が非課税

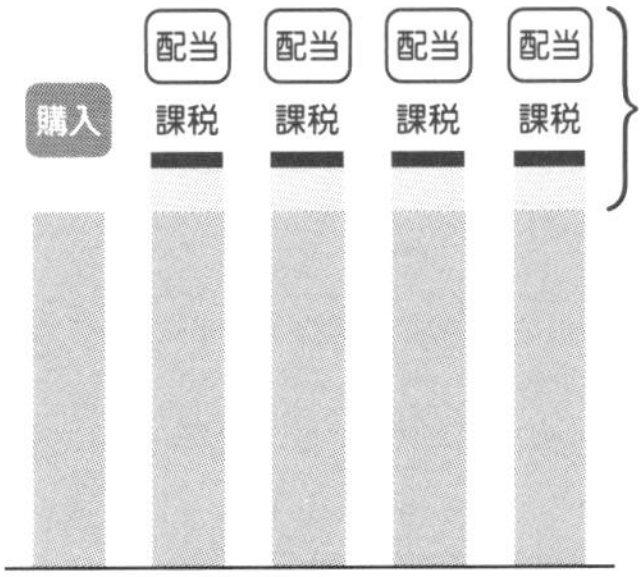

毎年受け取った
配当金が非課税

ふたつの投資枠を活かす 新NISAコア&サテライト運用戦略

新しいNISAでは、成長投資枠とつみたて投資枠をどのように活用したらよいか、迷う人も多いでしょう。そこでおすすめしたいのが、「コア&サテライト運用戦略」です。コア&サテライト運用とは、資産を安定的に運用する「コア」と、積極的に運用する「サテライト」に分けて投資する方法です。資産の7〜8割をコア、残りをサテライトに配分するのが一般的です。

コアについては、新NISAのつみたて投資枠で投資可能な商品、すなわち金融庁が定めた一定の基準を満たす投資信託やETFで運用することをおすすめします。

例えば世界の市場規模を反映した資産配分になっている全世界の株式を対象としたインデックス投資信託を選ぶのも方法のひとつです。世界の株式市場を投資対象としているため、幅広い分散投資が可能となり、長期・積立・分散投資によりリスク低減することで安定したリターンを得ることが期待できます。

サテライトでは、より積極的な運用をします。つみたて投資枠では投資できない個別株に投資をしてみたいと積極的な考えをおもちであれば、挑戦してみてはいかがでしょうか。自身で投資先を選び、投資経験を積むことは、視野が広がり経済が身近になるなど、様々なよい効果につながります。

コアとサテライト、どう組み立てるか?

コアがポートフォリオの中心に。長期的に安定したリターンを積み重ねることを重視。

成長投資枠

- **個別株式**
- 投資信託（非上場）
- 上場投資信託（ETF） 不動産投資信託（REIT）

コアで運用を専門家に任せて機械的に自動積立していく。

個別銘柄は、自身で様々なデータを分析し投資判断を下すことになる。投資経験を積み、目利き力が養われることも期待できる。

つみたて投資枠

長期・積立・分散投資に適した株式投資信託

（例）投資対象を全世界へ分散するインデックスファンドなど。

つみたてNISAで安定的かつ機械的に資産構築を！

つみたてNISAでは長期・積立・分散投資により安定的かつ機械的に資産をつくっていきましょう。何に投資したらよいか迷ったら、国の豊かさを示すGDP（国内総生産）や市場別の時価総額を参考に投資先を考えるとよいでしょう。

GDP（Gross Domestic Product）とは、一定期間に生産されたモノやサービスから生み出された付加価値の総額です。その国で発生したすべての儲け、経済活動を示す指標です。企業、家計、政府の支出や収入により算出されます。GDPは前年度と比較して経済の成長度合いを測っています。世界で成長度合いが高い国はどこでしょう。GDPの伸びている国や地域は景気が拡大していると見込め、株式市場にとってプラスに働きます。

また、市場別の株式時価総額も見てみましょう。株価に発行済株式数をかけて求める数値で、企業の価値や規模を表す指標です。往々にして企業の利益や資産が大きいほど時価総額が大きくなり、将来の成長への期待が大きいことを示しています。米国の企業は、新興国も含め世界中で製品やサービスを事業展開し、グローバルな規模をもっていることがわかります。

このように世界のGDPや市場別時価総額の配分に合わせた世界丸ごと投資を投資信託により、毎月コツコツ積み立て、長期で継続することで安定的かつ機械的な資産づくりができます。

資産運用の基本的な考え方

経済が活発に伸びているところへお金は流れる

世界の名目GDP（2022年）

「名目GDP」実際に取引された額。
「実質GDP」名目GDPから物価変動の影響を除いた額。

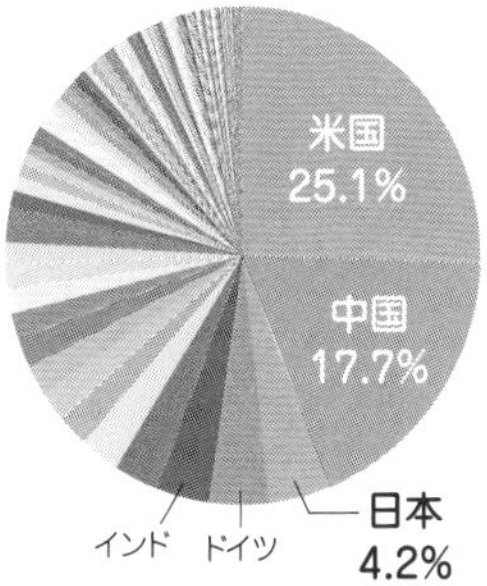

主要株式市場　時価総額比較

米国は市場別時価総額には表れていないユニコーン企業（創業10年以内で評価額が10億ドル以上の未上場のスタートアップ企業）も多く控えていることから、投資妙味があることが推測できます。

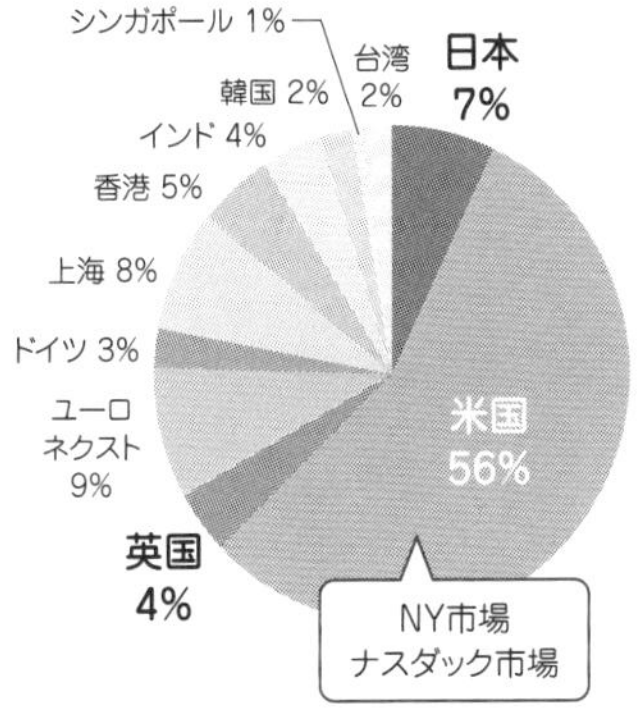

・日本の2023年の１年間の名目GDPは、ドイツに抜かれ世界４位に後退（総務省2024年２月15日）。東京証券取引所に上場する株式の時価総額（ドル建て）は、2024年2月19日、中国の上海証券取引所を上回り東京証券取引所の時価総額（プライム、スタンダード、グロース市場の合計）は6兆3400億ドル（約950兆円）となる。

（出所）名目GDPは、外務省主要経済指標より（2024年1月）
時価総額は、東京証券取引所公表データより（2023年8月末）

機械的にコツコツ積み立て資産づくり

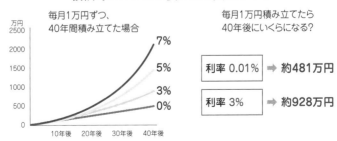

毎月1万円ずつ、
40年間積み立てた場合

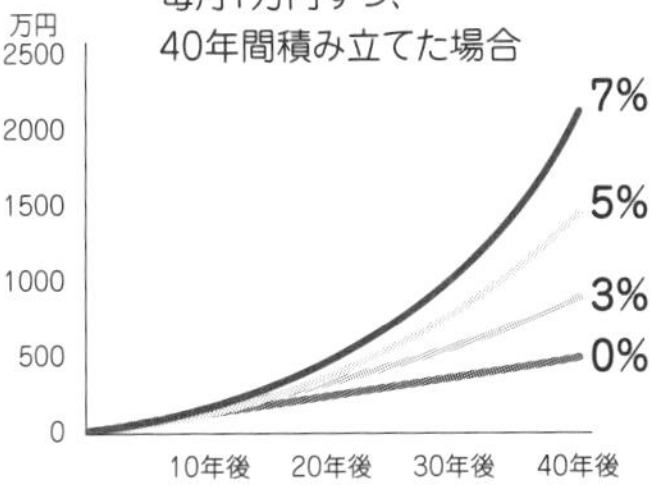

毎月1万円積み立てたら
40年後にいくらになる？

利率 0.01%	➡ 約481万円
利率 3%	➡ 約928万円

投資信託とは基本のキを知る

つみたて投資枠でも成長投資枠でも投資ができる「投資信託」について仕組みを整理しておきましょう。投資信託は、様々な資産をひとつの袋に詰め合わせたパッケージの金融商品です。中身の組合せや運用は、運用会社の運用の専門家にお任せします。投資家から集めたお金をひとつの大きな資金としてまとめ、運用の専門家が株式や債券などに投資・運用する商品です。投資家の皆さんは少額の資金で複数の資産に分散投資ができることになります。投資信託の運用成果は市場環境により変動するため、運用がよい場合は値上がりし、悪い場合は値下がりします。

投資信託の投資対象は、国内株式等の単一資産タイプだけでなく、国内外の株式や債券、不動産など複数の資産にあらかじめ分散投資するバランスタイプもあります。また、投資信託の運用方法によりパッシブ型（インデックス型）とアクティブ型に分類されます。運用目標とされるベンチマーク（日経平均やTOPIXなどの指標）に連動する成果を目指すパッシブ型に対して、アクティブ型はベンチマークを上回る運用成果を目指します。パッシブ型のほうが投資対象の選定をベンチマークに沿って機械的に設定・運用できるため運用コストが少なくなります。

投資対象や運用方針などが多彩であるため、どのような内容の投資信託なのか、投資対象によるリスクとリターンの大きさ、過去の運用実績や運用方法によるコストの比較も必要です。

投資信託の仕組み

〈投資信託の特徴〉
①少額から投資できる
②株式や債券などに分散して投資
③専門家による運用

運用会社

投資信託をつくり、投資家から集めた資金を運用する会社です。様々なデータや情報を収集・分析し、専門家がどの資産にどうやって投資するのかを考え、信託銀行（受託会社）に対して運用を指図します。
運用会社は、投資信託において最も重要な役割を果たしているといえます。

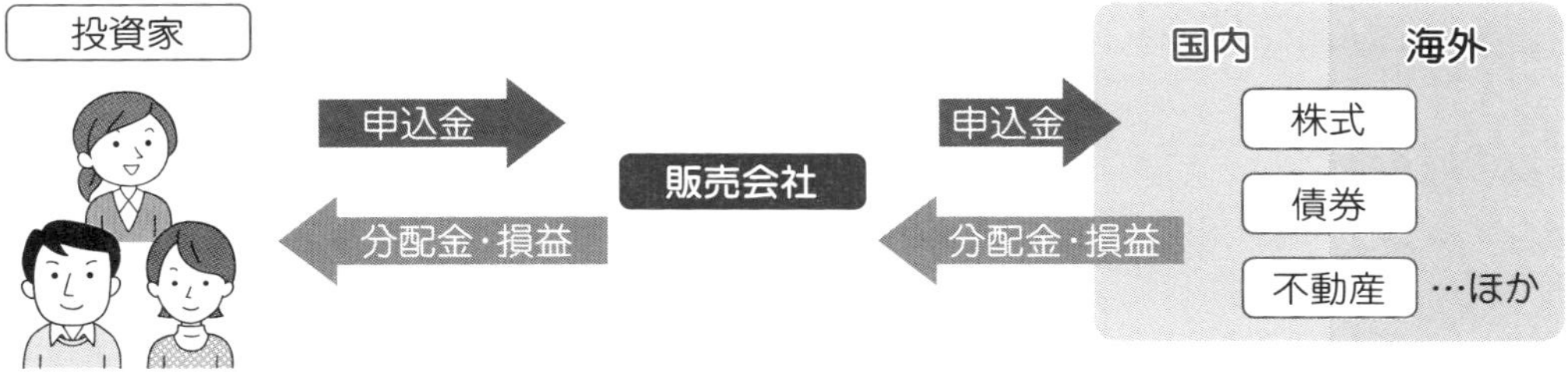

信託銀行（受託会社）では投資家から集めた資金を自社の財産とは区別して保管・管理しています。
たとえ投資信託を運営する各会社が破たんすることがあっても、投資家の資金は法的に保護されています。

信託銀行

ファンドの保管と管理
投資家から集めた資産を保管・管理する会社です。
運用会社からの運用指図に従い、株式や債券などの売買や管理をおこないます。

成長投資枠を使って個別銘柄を自ら選び企業を応援！

長期・積立・分散投資によりリスク低減しながら資産づくりをする「つみたて投資枠」の一方で、「成長投資枠」ではどのようなことが期待できるでしょうか。資産形成はもちろんのこと、個別銘柄で自分を表現することや投資スキルを習得することに役立てることができます。

自分の好きなものやサービスを提供している企業に目をむけてみてください。皆さんの日々の暮らしやこだわり、体にやさしい食、環境に配慮したモノ作りの話題から銘柄を発掘していきます。推しの銘柄が見つかれば、銘柄分析の具体的なポイントを押さえていきます。

自分の好きなこと、大切にしていることについて深く考え、推しの銘柄にたどり着いたときには、自分を表現する「自分ブランド」を発見することになります。つみたて投資枠は、ひとつあるいは複数の投資信託を選び、定期継続的に商品をつみたて投資していくため、いわばほったらかしで機械的に購入していきます。そこで投資スキルを学ぶことは多くはないかもしれません。その点、個別銘柄に投資する場合には、企業の業績や財務状況など成長性や安全性など様々な観点から銘柄を絞り込み、自身で調べる習慣ができ相場環境を読むための関心も湧いてきます。

投資スキルを積むことで、将来、退職金や相続などでまとまった資金を受け取った際にも、資金の運用に自身の経験を活かすことができるでしょう。

個別銘柄を選ぶうえでの考え方

上場企業って何社ある？

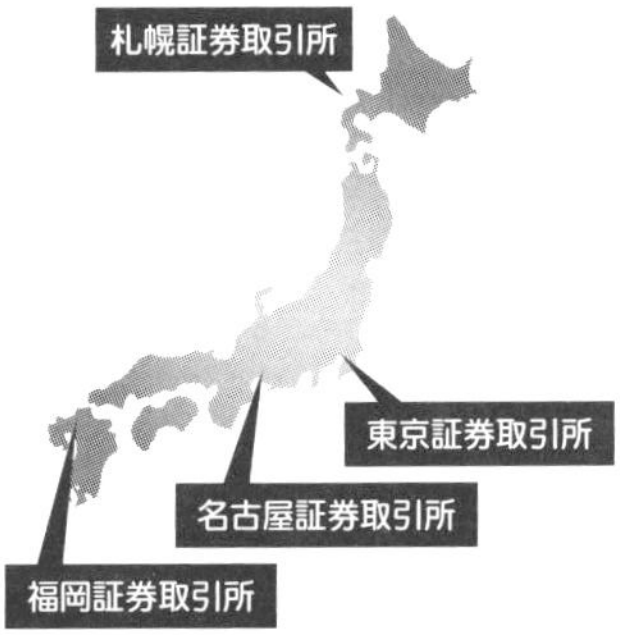

証券取引所は、日本全国に4か所あります。その中で、多くの上場会社の株式を扱っているのが東京証券取引所です。

日本の株式会社は、約285万社（※1）あり、株式を上場している会社は、そのうちの約3,926社（※2）です。

（※1）国税庁　令和3年度分「会社標本調査」より
令和5年3月公表
（※2）日本取引所グループ　2024年2月21日時点

東京証券取引所 3,926社上場	
プライム	1,655社
スタンダード	1,613社
グロース	563社
他	95社

資産形成だけじゃない！　個別銘柄で自分を表現することや投資スキルを習得することに役立つ

**株式投資で
自分ブランディングと
投資スキルアップ**

- 情報の調べ方がわかる
- 自分のブランディング
- 投資スキルアップ
- 経済の流れがわかる

株式投資から得られる果実
①株価の値上がり
②配当金
③株主優待
④株主総会への参加
（経営に参加）

分散効果で利益を得る「株価モデル」5銘柄1ユニットで勝つ法

「成長投資枠」を皆さんの推しの企業に投資する場として活用してみてはいかがでしょうか。株式投資の醍醐味は、投資先の成長により、経済発展へと貢献できることです。資産づくりの手段であると同時に、実は経済を活性化させる大切な役割を担っています。

株式投資には、値上がり益、配当金、株主優待、株主総会へ出席できるなど様々な魅力があります。ただし、推しの企業の調査・分析については学習と経験が必要で、簡単に結果を出せるわけではありません。上手にリスク分散をしながら株式投資をする方法をご提案します。

それは5銘柄に投資することで分散効果を得る方法です。5銘柄すべての銘柄で利益を出さなくても組み合わせることで利益を得るチャンスはあります。ポイントとなるのは、異なる性格の銘柄を組み合わせてお互いのプラスマイナスを補いカバーすることで安定的な値動きになります。

例えば、左ページ下の株価モデル5銘柄1ユニットの事例のように、機械、繊維製品、ガラス・土石製品、食料品、小売業という具合に5つの業種に分散して投資します。不景気で給与が減っても生活必需品は必要ですが、ぜいたく品は買わなくなるように、不景気の影響を受けやすい銘柄と影響がない銘柄があります。また、感染症を心配する時期にはマスクや消毒液が売れ、夏にはビールが売れるというように、モノが売れる時期や環境は異なります。

5銘柄を選ぶうえの組み合わせ方

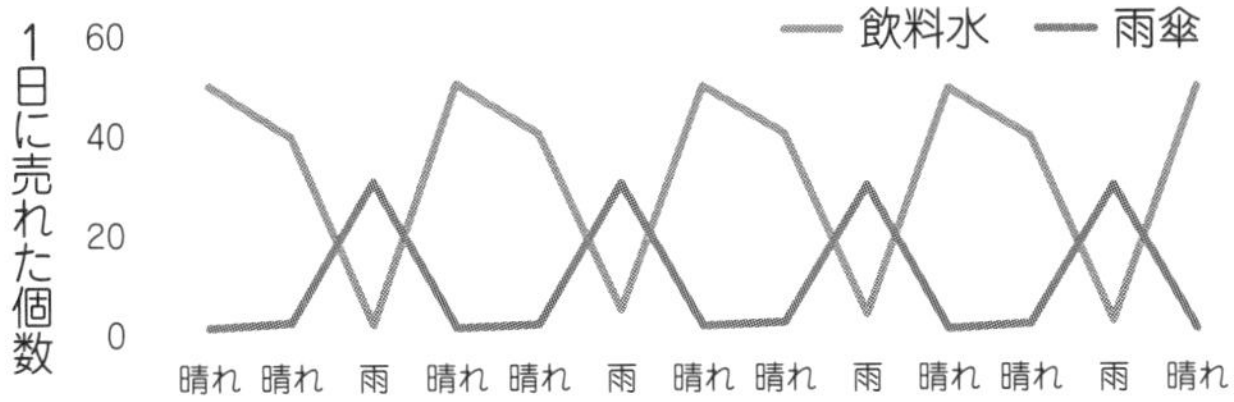

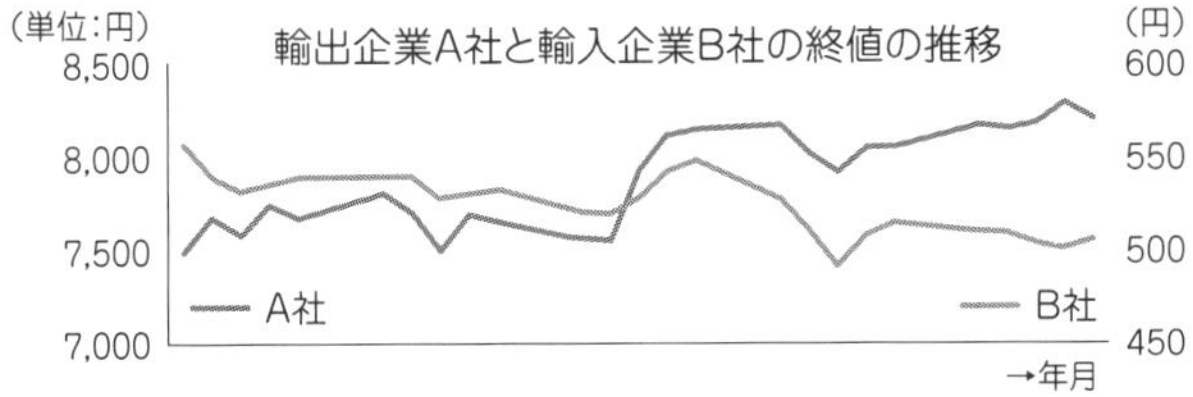

➡お互いの動きを補い合い**リスク・リターンが安定する**

株式投資 キャピタルゲイン モデル

銘柄名	コード	業種	株価(円) 2014.02	100株単位の購入金額(円)	株価(円) 2024年2月9日	100株単位の評価額(円)
ダイキン工業	6367	機械	5,837	583,700	21,425	2,142,500
東レ	3402	繊維製品	701	70,100	674.7	67,470
TOTO	5332	ガラス・土石製品	2,876	287,600	3,755	375,500
日清オイリオグループ	2602	食料品	1,670	167,000	4,450	445,000
ゼンショーホールディングス	7550	小売業	1,091	109,100	7,277	727,700
5銘柄合計				1,217,500		3,758,170

※2014年2月末終値、2024年2月9日終値

5銘柄分散投資で、10年後に評価額は3倍に。

業績堅調の企業を選ぶ配当モデル 好配当で暮らしにゆとりを得る法①

株式投資は、値上がり益（キャピタルゲイン）だけでなく配当金（インカムゲイン）も魅力です。配当金は、企業の利益の中から株主に還元されるものですが、投資金額に対して高い配当金を出し、増配を続けるような企業を5銘柄保有することにより、安定的な収入を定期的に受け取ることが期待できます。高配当株を購入＋保有を続けていけば、株価が下がっていても、株式を保有していることで、配当収入だけで生活できるようになるかもしれません。

高配当の銘柄選びは、まずは業績が堅調であることです。配当は利益から支払われます。増益率が高く、稼ぐ力の強い企業ほど将来にむけて配当を増やせる可能性が大きいといえます。また、配当利回りが高いというだけで選ぶのは避けるべきでしょう。配当利回りは「1株当たりの年間配当金」を「株価」で割って算出します。株価が低くなっている銘柄は配当利回りが高くなりますが、業績の悪化などにより株価が下落したことで配当利回りが高くなる場合もあるからです。

高配当銘柄5選（左図表参照）を購入すると、5銘柄の投資額が仮に200万円とした場合、配当利回り3・6％の7万2000円が配当金としてNISAでは非課税で受け取れます。これを成長投資枠の限度額1200万円まで投資をしていくと、年間の配当収入およそ43万円を非課税で受け取り、株式保有を続けることで持続的な配当金受取が期待できます。

高配当銘柄で過去5年の実績をみてみよう

（2019年12月～2023年12月）

銘柄	株価(円) 2019年12月	100株 購入金額(円)	1株当たり年間 配当金(予想/円)	予想配当 利回り(%)	株価(円) 2023年12月	100株 評価額(円)	1株当たり年間 配当金(予想)	予想配当 利回り(%)
F社	2,344.0	234,400	33	1.41	1,385.0	138,500	63	4.55
G社	2,432.5	243,250	154	6.33	3,742.0	374,200	200	5.34
H社	3,550.0	355,000	110	3.10	7,070.0	707,000	210	2.97
I社	660.3	66,030	13	1.97	3,863.0	386,300	130	3.37
J社	3,288.0	328,800	115	3.50	4,526.0	452,600	140	3.09
	合計	1,227,480		3.5	合計	2,058,600		3.61

配当収入の実績（100株保有の場合）

銘柄	2019	2020	2021	2022	2023	2024（予想）
F社	3,300	4,100	4,300	5,600	5,000	6,300
G社	15,400	15,400	14,000	18,800	18,800	20,000
H社	11,000	12,500	16,000	1,900	19,000	21,000
I社	1,300	6,700	48,300	52,000	13,000	13,000
J社	11,500	12,000	12,500	13,500	14,000	14,000
合計	42,500	50,700	95,100	91,800	69,800	74,300

（2019年～2023年の5年間の配当収入）　349,900

- プライム全銘柄の予想配当利回りが2.31%（2023年12月8日）であることから予想配当利回り3%以上の銘柄は高配当株といえます。
- 2019年12月に購入したと想定すると、株価は約1.7倍に増え、5年間の配当収入は約35万円。新NISAで投資した場合の非課税効果は約7万円です。
- 高配当銘柄を成長投資枠の1,200万円まで活用すると、配当利回り3.6%で毎年43万円の配当収入が入ることになります。配当収入で生活にゆとりが得られます。

長期保有を目指す配当モデル 高配当で暮らしにゆとりを得る法②

プライム市場全銘柄の予想配当利回りが概《おおむ》ね2％であることから、成長投資枠1200万円を使って投資をしたとすると、年間24万円の配当金が受け取れることになります。その場合、税金は4・8万円が非課税メリット額となります。10年保有すると48万円、20年で96万円の非課税効果となります。配当利回りが3％以上の銘柄となると、さらにその効果は大きくなります。

利益を出している企業は、配当を期ごとに増やしてきていることも踏まえておきましょう。例えば東計電算（4746）の2023年12月期は210円の配当です。株価は2023年12月8日7070円（株式分割前の株価）なので配当利回りは2・97％。10年前の2013年12月の株価は1495円で、配当金は45円、配当利回りは3・0％でした。10年を経て株価も上昇していますが、配当金も4倍以上になっています。この銘柄を100株保有し、2013年時点では45円の100株で4500円、900円が非課税に、2023年12月は210円の100株で2万1000円に対する税金分4200円が非課税となるわけです。この銘柄を2013年12月取得時として試算すると、配当利回りは14％になっていることになります。

高配当を実現できる企業は、業績面でも評価され株価の上昇も伴っています。NISAでは高配当銘柄を長期で保有し、配当収益により定期的な収入を非課税で得るのが良策です。

高配当銘柄のモデルケース

投資期間が長くなると、非課税効果は大きくなる。

東計電算（4746） 2023年12月31日株式分割（1：2の分割）前の株価推移

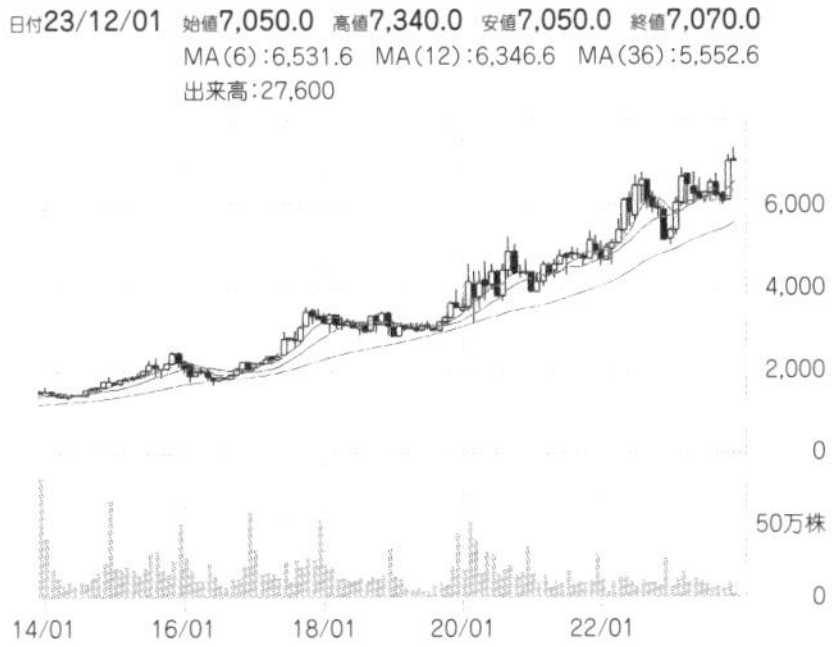

2013年12月に1,495円で100株購入。
配当金45円。配当利回り3.0％
2023年12月期の配当金は1株210円。
購入時の株価からすると配当利回りは14％。

高配当銘柄の一例を見てみよう。
利益も純増、好業績を反映し株価上昇を伴い配当も増配を続けているケース。

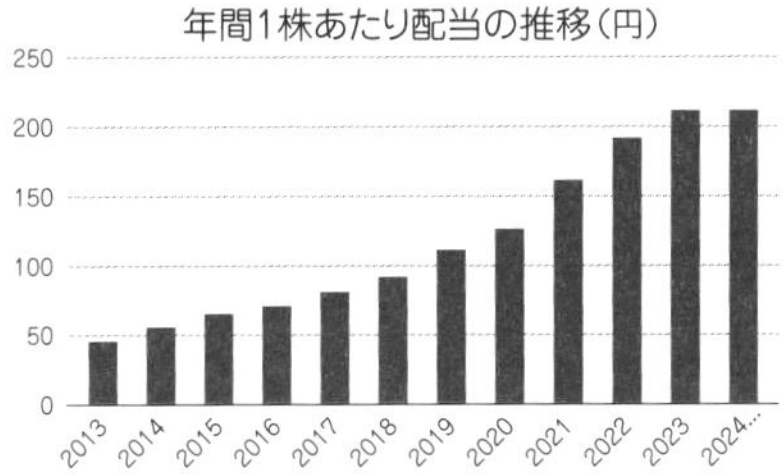

配当金を非課税で受け取るためには、**「株式数比例配分方式」**の選択が必要です。

配当金の受取り方法は**主に3種類**

配当金受取り方法	受取り方式	NISA口座の配当金等
①ゆうちょ銀行及び郵便局等	配当金領収証方式	20％課税 ※復興特別所得税を含めると20.315％
②指定の銀行口座	登録配当金受領口座方式	
	個別銘柄指定方式	
③証券会社の取引口座	株式数比例配分方式	非課税

【株式数比例配分方式】
上場株式の配当金等を、保有している数量に応じて投資家の証券総合口座に自動的に入金される方式です。NISA口座で購入した上場株式の配当金や、ETF、REITの分配金を非課税とするためには、この方式を選択する必要があります。

経済を支える、これからの成長分野に注目しよう！

利益を出し続けている企業はどんな特徴があるでしょうか。そもそも企業は何のために存在しているのでしょうか。

様々なものが通信でつながり、データが増えた結果、企業は企業の生産性を向上させたり、人々の暮らしを便利にするため新たなサービスを提供しています。

つまり、企業は、社会的な課題や私たちが抱えている問題を解決するために存在します。そのことにしっかり取り組んでいる企業は、多くの人から必要とされ、商品やサービスのファンを定着させ利益を出しています。

例えば、私たちが今や当たり前に携帯しているiPhone。アップルの創始者だったスティーブ・ジョブズ氏が「多くの人がコンピュータを持ち歩けるようになればどんなに便利になるだろう」と考えたことから誕生したことは有名です。

そのiPhone誕生の２００７年６月から２０２３年まで、アップルの株価はじつに約40倍に伸びています。

企業は、消費者、従業員、取引先、すべてのステークホルダーの幸せのために事業をおこなっています。人々の心を豊かで活力あるものにするために、時代に合わせて変えるものは変えてい

成長分野の目のつけ所

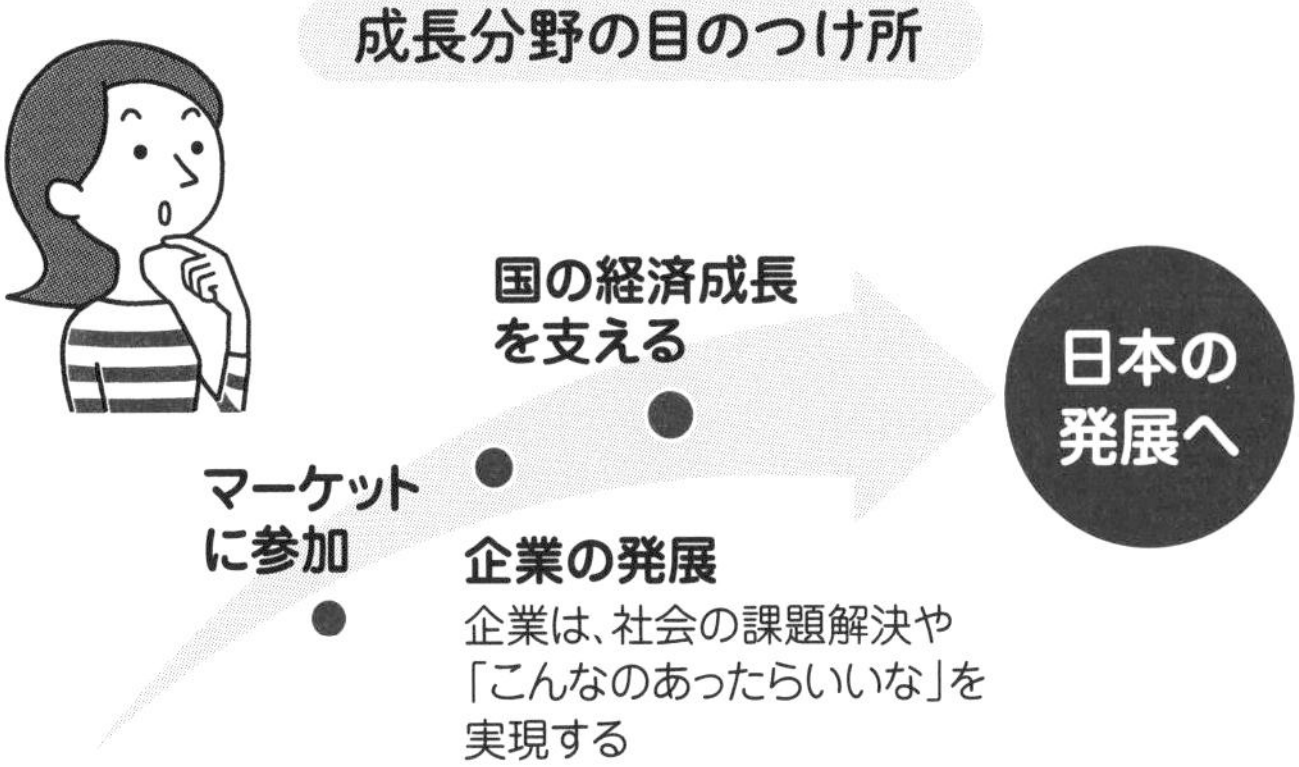

ビジネス・社会の変化	テクノロジーによる生産性の向上
• 製造業の変化	▶**多様なサービス** モビリティー・自動運転・移動サービス
• 企業の効率化	▶**データ分析による業務効率化、人材活用** インターネット経由、クラウド事業
• ライフスタイルの変化	▶**需要のマッチング、省人化、効率化** シェアリングエコノミー、無人店舗
• 新たな課題	▶**情報セキュリティ**
	▶**医療・健康ICT**（医療機関の電子カルテの普及、高齢者見守りシステムなど） 防災ICT、農業ICT

暮らしを便利にする新サービス続々誕生！　通信技術の発展によりサービス市場拡大。将来を担う先進企業は、ICT（情報通信技術）を駆使して生産性を高め、新たなモノ・サービスを提供します。

く必要があります。

利益についても、すべての人の幸せのために信頼を裏切らず長期にわたり利益を上げ続けることが大切です。

「こんな発明、こんな社会の仕組みがあったらいいな」を実現し、世の中に提供してくれる企業を支えるのは私たち投資家です。

2章

テーマ別特選5銘柄！
「推し株」探しの超ヒント

資産づくりを通して健康づくりを考える株5選

人生１００年時代といわれる中、健康についても関心が高く、自分の足で歩き、80歳で20本の自分の歯で噛《か》む、自立した生活ができるように願う人は多いはずです。そのような多くの人の思いに応えて、健康や生命の質を上げる事業を始める企業が今後一層登場してくることでしょう。

厚生労働省がまとめている「健康づくりのための身体活動・運動ガイド２０２３」によれば、成人の場合、１日60分以上（１日約８０００歩以上）の身体活動が必要のようです。座りっぱなしの時間が長くなりすぎないように注意することも大切で、立位困難な人も、少しでも身体を動かすとよいようです。運動の促進や健康食品または病気を未然に防ぐ予防医療など新規に参入する企業も出てきています。

水回りの設備メーカーのＴＯＴＯが「健康」を意識した「ウェルネストイレ」の開発を進めています。排出物から臭気データや、便座に座ったときの皮膚の血流データから健康チェックができる技術の開発が目標になります。腕につけることで健康管理を担うスマートウォッチを愛用することは一般的となりましたが、指輪型のヘルスデバイスも登場しています。就寝時にも負担感なく装着しながら健康データを正確に取得できることが魅力です。健康産業はますます注目されると考えられます。

健康を意識した企業

「健康」から連想して、私たちの心や身体に元気と栄養を与えてくれる企業に着目してみましょう。

企業名(銘柄) コード	株価(円) (2月9日)	配当金(円) 来期予想	予想配当利回り (%)	優待権利確定月 (月)
ヤクルト本社 2267	3,200.0	56	1.75	3月・9月
〈年間優待品〉	(3月)100株以上保有につき、自社商品詰合せ(食塩無添加の野菜ジュースなど) ※100株以上1,000株未満の株主と1,000株以上の株主では自社商品の内容が異なる。 ※3年以上継続保有(株主名簿に連続7回以上記載)の場合、化粧品を追加。 (9月)「東京ヤクルトスワローズ」オフィシャルファンクラブ入会権 100株以上「ライト会員」、1,000株以上「レギュラー会員」			
テルモ 4543	5,439.0	44	0.81	3月・9月
〈年間優待品〉	1株以上保有につき、自社製品(血圧計、体温計、栄養補助食品、圧迫ストッキング)など自社製品を優待価格販売。 ※株主優待販売の製品は、新製品を中心に選定をおこなう。			
大塚ホールディングス 4578	5,644.0	100	1.77	12月
〈年間優待品〉	100株以上保有につき、3,000円相当の自社グループ製品(飲料・食品等)			
TOTO 5332	3,755.0	100	2.66	3月
〈年間優待品〉	100株以上保有につき、自社商品等を贈呈。 ・お手入れらくらくセット(「蛇口まわりのクリーナー」と浴室の床をお掃除する「床ブラシ」をセット) ・株主優待商品の相当額(2,000円)をTOTO 水環境基金に寄付。 ・そぼろセット・ヒノヒカリ白米(2キロ)・にごりワイン遅摘み(赤)などから1つ選択。			
Fast Fitness Japan 7092	1,097.0	25	2.28	12月
	株主優待制度なし			

・優待権利確定月:株主優待の権利を取得する月。権利確定日の2営業日前(権利付最終売買日)の時点で、株式を保有していると優待や配当金を取得できます。
・四季報オンライン(2024年2月9日)より。※2024年2月時点の内容です。実際の株主優待の詳細や最新情報は、各社ホームページでご確認ください。

お金と健康の心配を解決する企業の株主優待は、健康に関心のある方にはぴったりです。そのような企業の株主となり贈られてくる優待のサービスで、お金と健康についての不安から徐々に解放されていくのではないでしょうか。

〈大塚ホールディングス〉
健康の維持・増進、疾病の診断から治療までを担うトータルヘルスケア企業。注力するのは女性向け健康食品の分野。

〈Fast Fitness Japan〉
「エニタイムフィットネス」は、24時間型ジム。若年層を対象に成長している。簡単な筋肉トレーニングマシンが設置され、セルフ式のエステ・脱毛マシンを導入。ジム初心者や女性層を取り込んでいる。

優待を寄付に代えて社会貢献する株5選

株主優待は、企業から株主に商品やサービス券を贈る日本特有の制度です。商品やサービスではなく、優待相当額を寄付する選択肢を設ける企業も増えています。

複数の優待品の中から、社会貢献の活動として寄付を選ぶと、優待品が送られてくる代わりに、寄付される仕組みです。企業に投資することで企業の成長を応援するだけでなく、優待品を「寄付」に代えて、企業ごとに定める支援団体へ資金を提供できます。

社会の課題解決のため、自分の資金を必要なところへ役立てているという実感がもてます。株式投資は、自分の汗を流して手を施《ほどこ》してかかわるわけではないため、ギャンブルと同じだと考える人もいるでしょう。ですが、このように環境、社会、地域のために投資を通じて貢献できると考えれば見方も変わるのではないでしょうか。

企業が定めるその寄付先を見ると、企業が大切にしていることは何かがわかります。例えば、カンロ飴やピュレグミのカンロ（2216）。のど飴、キャンディーを主力に、グミも第2の柱に納豆、梅などの素材菓子も消費者の心をつかんでいます。優待は、おすすめ商品セットに代わり、途上国の子どもを飢餓から救う、国連WFP（World Food Programme）の「学校給食支援」への寄付を選択することができます。寄付先にも共鳴できるところを選んでみてはいかがでしょうか。

社会貢献活動への「寄付」を選べる優待銘柄の一例

企業名（銘柄）コード	株価（円）（2月9日）	配当金（円）来期予想	予想配当利回り（%）	優待権利確定月（月）
カンロ 2216	2,412	50	2.07	12月
〈年間優待品〉	自社製品。カンロバラエティセットまたはヒトツブカンロ満喫セット。 100株以上1,000円相当。600株以上2,000円相当。1,000株以上3,000円相当。 ※優待品に代えて寄付選択：**認定NPO法人国連WFP協会** 所有株数に応じた金額を国連WFP協会（ワールド・フード・プログラム）が実施する世界の飢餓を撲滅する活動に寄付。 カンロ株式会社は2014年より「レッドカップキャンペーン」学校給食支援活動に参加しています。			
味の素 2802	5,736	74	1.29	3月
〈年間優待品〉	自社グループ商品詰合せセットまたはWeb申し込み限定品。100株以上保有で1,500円相当、500株以上保有で3,000円相当、1,000株以上保有で4,000円相当。 ※100株以上を6カ月以上継続保有した株主のみに贈呈。1,000株以上を3年以上継続保有の場合、7,000円相当の自社グループ商品を贈呈。 **※優待品に代えて寄付選択可【食と栄養支援事業 AINプログラム】【ガーナ栄養改善プロジェクト(GNIP)】【ベトナム栄養制度創設事業(VINEP)】【被災地復興応援 健康・栄養セミナー事業】**			
グンゼ 3002	5,490	150	2.73	3月・9月
〈年間優待品〉	(1)自社商品（肌着・パジャマ・靴下）または(2)「GUNZEクーポン」のポイント付与 100株以上保有で自社通販カタログ掲載商品30％割引 100株以上保有で(1)2,000円相当または(2)2,000ポイント　100株以上保有で自社通販カタログ掲載商品30％割引　300株以上保有で(1)4,000円相当または(2)4,000ポイント ※(1)は株主優待専用カタログより選択。(2)は1ポイントで1円相当、自社オンラインストアで利用可 ※3年以上5年未満継続保有の場合(1)・(2)は1.5倍、5年以上の場合2倍 **※優待品に代えて「こどもの未来応援基金」へ寄付選択可**			
シード 7743	759	15	1.98	3月
〈年間優待品〉	(1)株主優待券（全国の対象施設で利用可、コンタクトレンズを優待特別価格で販売） または(2)コンタクトレンズケア用品セット または(3)優待ポイント（ポイントに応じて地方名産品・**寄付**と交換可。1ポイントで1円相当） 寄付先：公益財団法人アイメイト協会、公益財団法人日本アイバンク協会 100株以上保有で(1)または(2)または(3)1,000ポイント 1,000株以上保有で(1)または(2)または(3)3,000ポイント 3,000株以上保有で(1)または(2)または(3)4,000ポイント ※1年以上継続保有した株主のみに贈呈。(3)は3年以上継続保有の場合、2,000ポイント増			
コクヨ 7984	2,319.0	68	2.93	12月
〈年間優待品〉	自社グループ商品（文房具） 500株以上保有で4,000円相当、1,000株以上保有で7,000円相当 **※優待品に代えて**認定NPO法人ブリッジフォースマイルまたは公益社団法人MORIUMIUS（モリウミアス）への寄付選択可。			

・優待権利確定月：株主優待の権利を取得する月。権利確定日の2営業日前（権利付最終売買日）の時点で、株式を保有していると優待や配当金を取得できます。
・四季報オンライン（2024年2月9日）より。※2024年2月時点の内容です。実際の株主優待の詳細や最新情報は、各社ホームページでご確認ください。

長期保有で優待の特典が広がる株5選

株主優待制度に、長期継続保有の優遇を設ける企業もあります。優遇制度を導入する背景には、個人株主を増やしたいという狙いがあります。継続して株式の保有を続ける個人投資家の層を厚くすることで、株価が安定しやすくなるため、企業にとって長期で株式を保有する安定株主は大切なわけです。

株価が安定しやすいということは、株主にとっても安心につながります。安定株主を増やす目的で、3年や5年といった一定期間以上の長期保有の株主を優遇し、株主優待の内容をグレードアップしています。株主にとっては株式を長くもつことで、もらえる商品やサービスの金額が増えるといった特典があります。長期とされる期間は、1年以上、3年以上など企業ごとに異なります。長期保有により優待が優遇されるとなると、長期保有を前提とする株主が多くなる傾向があり、業績悪化や全体相場の下げ局面でも株価が下支えされることが期待されます。

例えば、マヨネーズ・ドレッシングで国内首位のキユーピー（2809）は、100株以上保有で1000円相当の、500株以上で3000円相当の自社製品を贈ってくれます。3年以上継続保有の場合、100株以上保有で1500円相当、500株以上は5000円相当と保有株数や期間に応じて優遇されます。いずれの優待品も日常生活で役に立つ、ありがたい贈り物です。

保有期間が長いと優待で得する企業

企業名(銘柄) コード	株価(円) (2月9日)	配当金(円) 来期予想	予想配当利回り (%)	優待権利確定月 (月)
キユーピー 2809	2,621.0	50	1.91	11月
〈年間優待品〉	自社グループ商品詰合せ(マヨネーズ・ドレッシング等)。100株以上1,000円相当、500株以上3,000円相当。 ※100株以上を**6カ月以上継続保有**(11月・5月の株主名簿に同一株主番号で連続2回以上記載)した株主のみに贈呈。3年以上継続保有**(11月・5月の株主名簿に同一株主番号で連続7回以上記載)の場合、100株以上500株未満は1,500円相当、500株以上は5,000円相当。**			
ロート製薬 4527	2,964.0	27	0.91	3月
〈年間優待品〉	100株以上500株未満　[1]ー(自社製品の贈呈なし)[2]自社通販製品の割引[3]ココロートパーク500ポイント付与 500株以上1,500株未満　[1]自社製品(3,000円相当) 1,500株以上　[1]自社製品(10,000円相当)または寄付10,000円 3年以上継続保有の株主は、[1]～[3]に加え3,000円相当の自社製品を進呈。 ※3年以上継続保有の場合、100株以上500株未満の株主には自社製品3,000円相当、500株以上は同5,000円相当を上記に加えて贈呈。			
ヤマハ発動機 7272	1,432.5	50	3.49	6月・12月
〈年間優待品〉	6月：3,000株保有の株主に対し、自社カレンダーを贈呈(希望者に限る)。 12月：自社ポイント等を贈呈。「浜松の蜜柑無添加果汁100%ジュース」などがポイントに応じて贈呈。 100株以上保有で1,000ポイント、500株以上2,000ポイント、1,000株以上3,000ポイント。ポイントに応じて地元名産品・「ヤマハ発動機ジュビロ」ラグビー観戦ペアチケット・自社関連施設利用割引券・寄付等と交換が可能。 ※3年以上継続保有の場合、1,000ポイント追加。 **※24年1月1日の株式分割(1→3)実施後は、12月株主は100株以上300株未満の株主には1,000ポイント、300株以上1,000株未満は2,000ポイント、1,000株以上3,000株未満は3,000ポイント、3,000株以上は4,000ポイント贈呈に変更。6月株主の上記基準株式数は実施後の株数**			
スクロール 8005	969.0	42	4.33	3月
〈年間優待品〉	株主優待ポイント付与　100株以上1,000円相当、1,000株以上5,000円相当、10,000株以上10,000円相当。 **※1年以上継続保有**(3月・9月の株主名簿に同一株主番号で連続3回以上記載)の場合100株以上1,000株未満の株主には1,500円相当、1,000株以上10,000株未満は6,000円相当、10,000株以上は11,500円相当。2年以上3年未満(3月・9月の株主名簿に同一株主番号で連続5回以上記載)の場合。100株以上1,000株未満は2,000円相当、1,000株以上10,000株未満は7,000円相当、10,000株以上は13,000円相当。3年以上(3月・9月の株主名簿に同一株主番号で連続7回以上記載)の場合、100株以上1,000株未満は2,500円相当、1,000株以上10,000株未満は8,000円相当、10,000株以上は16,000円相当。 ※優待品に代えて社会貢献活動団体等への寄付の選択が可能。			
イオンモール 8905	1,841.5	50	2.72	2月
〈年間優待品〉	イオンギフトカードまたはカタログギフト　100株以上3,000円相当、500株以上5,000円相当、1,000株以上10,000円相当。 ※優待品に代えて、カーボンオフセットサービスの購入も選択可能。 ※3年以上継続保有(2月・8月の株主名簿に同一株主番号で連続7回以上記載)の場合、1,000株以上2,000株未満は2,000円相当のイオンギフトカード、 2,000株以上3,000株未満は4,000円相当、3,000株以上5,000株未満は6,000円相当、5,000株以上は10,000円相当を追加。			

・四季報オンライン(2024年2月9日)より。※2024年2月時点の内容です。実際の株主優待の詳細や最新情報は、各社ホームページでご確認ください。

株主優待で豊かに食卓を囲む5選

一日のうちで幸せだと感じるときはどのようなときですか？　美味しいものをいただけるときではないでしょうか。家族と優待品が並んだ食卓を囲むと、いつもより話題が広がることがあります。美味しさや調理が便利という視点だけでなく、健康志向や高級志向など人々のライフスタイルの多様化に対応した商品の開発・研究に熱心な企業かどうか議論になります。お子さんが小さいご家庭では、ライバルの会社を比べて品評会に発展し、自分たちの暮らしと経済のつながりにも自然に関心を示してくれるようになるかもしれません。

株主優待用に、会社の製品とは関係のないクオカードなどを備える会社もありますが、食卓に並ぶ食料品が手元に届くと、株主優待生活の実感がもて、生活コストを下げるばかりでなく食卓が賑やかになります。

精肉の品ぞろえが強みのＪＭホールディングスは、１００株保有の株主に対し、２５００円相当の精肉を冷凍宅配してくれます。国産鶏ムネ肉２kg、沖縄琉香《りゅうか》豚《とん》ばら肉薄切り５００g、沖縄琉香豚切落し５００gと充実の内容です。鶏ムネ肉のレシピも増えて料理の腕も上がります。

食料品は、景気に大きな影響を受けにくい一方で、大きな値上がりを期待することもないかもしれません。優待品を味わいながら配当金も受け取り安定的に運用したい方にむいています。

食関連の優待が充実した企業

企業名（銘柄）コード	株価（円）（2月9日）	配当金（円）来期予想	予想配当利回り（%）	優待権利確定月（月）
寿スピリッツ 2222	1,938.5	25	1.29	3月
〈年間優待品〉	100株保有で、3,000円相当のグループ製品			
S FOODS 2292	3,240.0	88	2.72	2月・8月
〈年間優待品〉	100株以上保有で、自社グループオリジナル商品カタログ販売（優待価格にて特別販売）。 ※6月、11月に対象の株主様に商品カタログが送られます。 2月のみ、自社製品または国産肉　500株以上保有で3,000円相当の自社グループ製品。 2,000株以上保有で10,000円相当の国産牛肉または国産豚肉			
伊藤ハム米久ホールディングス 2296	4,100	125	3.05	3月
〈年間優待品〉	200株以上保有で、5,000円相当の自社グループ商品 ※22年はハム等詰合せ※優待に代えて寄付団体への寄付も選択可。			
日清オイリオグループ 2602	4,450.0	140	3.15	3月
〈年間優待品〉	自社製品（食用油等、日清オイリオギフトなど） 100株以上保有で1,500円相当、200株以上保有で3,000円相当 ※上記に加え、全株主に自社商品の優待価格販売			
JMホールディングス 3539	2,389	40	1.67	7月
〈年間優待品〉	精肉関連商品 100株以上保有で2,500円相当、500株以上保有で3,500円相当 1,000株以上保有で5,000円相当、10,000株以上保有で10,000円相当 ※100株以上を1年以上継続保有の株主のみに贈呈。			

・優待権利確定月：株主優待の権利を取得する月。権利確定日の2営業日前（権利付最終売買日）の時点で、株式を保有していると優待や配当金を取得できます。
・四季報オンライン（2024年2月9日）より。※2024年2月時点の内容です。実際の株主優待の詳細や最新情報は、各社ホームページでご確認ください。

〈寿スピリッツ〉
フランセやキャラメルゴーストハウス、ミルフィユメゾンなどたくさんのブランドをもつお菓子の総合プロデューサー。小躍りしてしまうようなお菓子が届きます。

〈S FOODS〉
米国産牛肉・内臓肉輸入のパイオニア。看板商品は「こてっちゃん」。焼き肉用商材など家庭用、業務用を展開しています。

〈日清オイリオグループ〉
日清オイリオギフト1,500円、ヘルシーオイルが3本贈られてくるのは、家族の多い家庭にはとても助かります。

5万円で買える株主優待で分散投資5選

株式投資の5選を推奨しているのは、1社だけに投資するのでは、その会社の経営状況が自分の資産残高に大きく影響してしまうからです。同じ経済環境でも受ける影響が異なる会社を複数社選べば、一方が値下がりしても、他方が値上がりし、お互いの値動きを補い合うことができます。とはいえ、5銘柄もの資金的余裕がないという方は、少額で買える株主優待株を選ぶことから始めてみてはいかがでしょうか。5万円以下で買える会社を5銘柄選んで、自分のオリジナルの株主優待銘柄パッケージをつくってみるという方法です。

会社四季報の「スクリーニング」には「5万円以下で買える安定企業」があり、自己資本比率50%以上、黒字経営、配当利回り3%以上が設定されています。そこで抽出されたTYK（5363）は耐火メーカー。鉄鋼、鋳鉄《ちゅうてつ》・非鉄金属など高温・高熱産業にとり必要な耐火物の製品開発と供給製造を国内と海外の鉄鋼メーカーと築いています。株主優待は、1000株以上保有の株主にのみ贈呈されるという内容です。生活に身近な業種から見つけてみてください。

また、5万円以下で買える銘柄は、株主優待制度を設けている企業が限られています。優待制度にこだわらなければ選択肢が広がります。

左ページでは、約20万円で買える優待5選の一例を任意で選んでいます。

“5万円株”によるポートフォリオ

企業名(銘柄) コード/業種	株価(円) (2月9日)	配当金(円) 来期予想	予想配当利回り (%)	優待権利確定月 (月)
アイ・ケイ・ケイホールディングス 2198/サービス	727	24	3.30	4月
〈年間優待品〉	(1)自社特選品(菓子)または(2)自社特選ギフト 100株以上保有で(1)2,000円相当、500株以上保有で(1)3,500円相当 1,000株以上保有で(2)6,000円相当、5,000株以上保有で(2)11,000円相当			
TYK 5363/ガラス土石製品	493	14	2.84	3月
〈年間優待品〉	1,000株以上　1,000円相当のQUOカード			
ノバレーゼ 9160/サービス	303	0	–	12月
〈年間優待品〉	100株以上保有で自社グループ経営レストラン優待券(20%割引)2枚 ※3年以上継続保有の株主には優待券2枚追加。 保有株数に応じて優待品のグレードアップあり。			
日本電信電話 9432/情報・通信	180.8	5	2.77	3月
〈年間優待品〉	100株以上保有で「dポイント」付与(継続保有の株主にのみ) 継続保有2年以上3年未満の株主には1,500ポイント、継続保有5年以上6年未満には3,000ポイント			
ヤマダホールディングス 9831/小売	444.8	12	2.70	3月・9月
〈年間優待品〉	3月のみ：優待割引券(500円) 100株以上保有で1枚、500株以上保有で4枚、1,000株以上保有で10枚、10,000株以上保有で50枚。※合計1,000円(税込)以上の買物につき1,000円ごとに1枚利用可。 9月のみ：優待割引券(500円) 100株以上保有で2枚、500株以上保有で6枚、1,000株以上保有で10枚、10,000株以上保有で50枚			

・権利確定月：株主優待の権利を取得する月。権利確定日の2営業日前(権利付最終売買日)の時点で、株式を保有していると優待や配当金を取得できます。
・四季報オンライン(2024年2月9日)より。※2024年2月時点の内容です。実際の株主優待の詳細や最新情報は、各社ホームページでご確認ください。

大きな金額から投資するのは抵抗があるという方は、このような少額5選から分散投資を始め、お菓子、レストラン利用券、dポイントの付与やヤマダデンキの割引券やバラエティあふれる各社の優待も楽しみながら株価の行方を見ていく策もあります。

5銘柄100株単位で購入すると、約20万円で5銘柄分散投資が可能です。

自分にごほうび、うれしい株主優待がある株5選

投資の大原則は、知らないものには手を出さないということです。愛着のある商品やサービスを展開している企業に目をむけてみてください。例えば、美容や健康に関心がある方は多いでしょう。商品のよさを実感して関心が高ければ、商品の人気度や売れ行きにも敏感になります。もっとよい商品を開発してほしいと自然に願うものなので、応援する投資意欲も持続させることができます。

株主優待を実施する企業は、約3926社の上場企業のうち1464社（※）ほどあります。自分をワクワクさせてくれる商品を株主優待品として贈ってくれる企業を探してみましょう。

例えば、化粧品・美容情報サイト『アットコスメ』を運営するアイスタイル（3660）。近年は小売り事業が第2の柱で展開しています。化粧品ブランドから提供された日本で販売されているほぼすべての化粧品約32万点の正確な商品情報データと、サービスを利用するユーザーデータやクチコミデータが蓄積されたデータベースを活用した販促が強みです。化粧品業界の共通のマーケティングプラットフォームへと進化しています。化粧品販売も実店舗、ECともに好調を維持しています。100株以上保有の株主に対し、6400円相当のオンラインサイト買物割引券、店舗買物10％割引券3枚が贈呈されます。優待利回りは約15％です。

（※）上場企業数は、日本証券所グループより、株主優待実施企業数は、四季報オンラインデータ集より検索（2024年2月）

“ごほうび”的優待品が充実した企業

企業名（銘柄）コード	株価（円）（2月9日）	配当金（円）来期予想	予想配当利回り（%）	優待権利確定月（月）
アイスタイル 3660 〈年間優待品〉	406	0	−	6月
	100株以上保有で6,400円相当のオンラインサイト買物割引券（600円券・1,000円券各4枚）、店舗買物10%割引券3枚			
ポーラ・オルビスホールディングス 4927 〈年間優待品〉	1,524	52	3.41	12月
	保有株式数と保有期間に応じて「株主優待ポイント」を贈呈。保有ポイントに応じて、株主優待カタログ掲載の自社グループ商品より商品と引換え。100株以上保有で15ポイント（1ポイント100円相当）。※3年以上継続保有の場合20ポイント追加。			
ユナイテッド・アローズ 7606 〈年間優待品〉	1,787.0	55	3.08	3月
	保有株式数に応じて15%割引の株主優待券を贈呈。 100株以上保有の株主に対し2枚、200株以上保有の株主に対し4枚 500株以上保有の株主に対し6枚、1,000株以上保有の株主に対し10枚			
MTG 7806 〈年間優待品〉	1,602	10	0.62	9月
	自社オンラインショップで利用できる株主優待ポイント付与。1ポイント1円。 100株以上6,000ポイント、500株以上40,000ポイント、1,000株以上50,000ポイント 5,000株以上60,000ポイント。10,000株以上70,000ポイント			
4℃ホールディングス 8008 〈年間優待品〉	1,978	83	4.20	2月
	優待券またはクオカードまたは自社グループ商品 100株以上　2,000円相当の優待券または500円相当のクオカード　優待品に代えて社会貢献活動団体へ寄付の選択可。 500株以上　優待券または自社グループ商品5,000円相当 1,000株以上　優待券または自社グループ商品8,000円相当 3,000株以上　優待券または自社グループ商品12,000円相当 5,000株以上　優待券または自社グループ商品15,000円相当			

・優待権利確定月：株主優待の権利を取得する月。権利確定日の2営業日前（権利付最終売買日）の時点で、株式を保有していると優待や配当金を取得できます。
・四季報オンライン（2024年2月9日）より。※2024年2月時点の内容です。実際の株主優待の詳細や最新情報は、各社ホームページでご確認ください。

自分にとってうれしい憧れの商品を

株主優待で憧れのジュエリーやコスメ、洋服を優待券により手に入れます。株主として品質チェックをしながら、好きなものに包まれます。

優待利回りとは、株式を保有することで得られる優待品の金額の割合を示します。

全国へ活力を運ぶ地方発祥企業の株5選

地方発祥の上場企業には魅力があります。企業の本社所在地が地方だったら少し目を留めてみましょう。地方発祥の企業は、地域に根ざした経営をおこない、地域からの信頼と支持を得ています。独自の技術や商品をもっていることも多く、地元から全国へ、そして海外へ事業を展開している企業もあります。山口県発祥のファーストリテイリング、北海道発祥のニトリホールディングスもそのような道をたどってきた企業のひとつといえるでしょう。

国内では周知されていなくても、海外へ輸出、または現地の子会社が生産・販売し売上を伸ばす海外売上比率が高い世界シェア上位の企業もあります。また、地元から全国へシェアを広め認知度が高まる企業にも、今後の世界展開が期待されます。

企業が何を強みとし、どのような事業に取り組んでいるかなど、企業の特徴から成長株を探ってみるとよいでしょう。会社四季報の企業の「連結事業」から、その企業が何を主軸に、どこで稼いでいるかを見ることができます。

例えば家庭用ゲーム最大手の任天堂は、「ゲーム専用機」を主軸に売上は97%を占め、「スマートデバイス・IP関連の収入」も若干あることがわかります。また「【海外】77」は、海外売上比率を示しています。売上全体のうち77%と、海外で稼いでいる割合が高いことを示しています。

地方から飛躍する企業

企業名（銘柄） コード	本社 所在地	株価（円） （2月9日）	配当金（円） 来期予想	予想配当利回り （%）
ツルハホールディングス 3391	北海道	11,040	280	2.54
竹内製作所 6432	長野県	4,995	162	3.24
ワークマン 7564	群馬県	3,985	68	1.71
任天堂 7974	京都府	8,700	140	1.61
マニー 7730	栃木県	2,040	39	1.91

・四季報オンライン（2024年2月9日）より。

地方には地元の商圏で地盤を固め、ビジネスチャンスを全国、ひいては世界へ広げている企業が意外に多くあります。


〈ツルハホールディングス〉

北海道を地盤とした大手ドラッグストアチェーン。北海道でシェアトップ。M&Aを繰り返し全国でも首位級。東北、関東、関西圏へ進出し九州まで展開。傘下にレデイ薬局、福太郎。連結事業：医薬品23、化粧品14、日用雑貨26、食品12、他12（23年5月期）

〈竹内製作所〉

長野県埴科郡坂城町に本社を置く建設機械メーカー。71年にミニショベルを世界で初開発しミニショベル分野で世界2位。建機大手のOEM生産も手がけ、欧州と北米向けの海外売上高比率は9割超に達し、海外販売比率が高くシェア上位。欧米ともに住宅の工事、生活インフラのメンテナンスのニーズを追い風に最高純益を更新する。連結事業：建設機械100、他0【海外】99（23年2月期）

〈ワークマン〉

群馬県発祥。作業服・作業関連用品の専門店「ワークマン」「ワークマンプラス」「ワークマン女子」をチェーン展開。フランチャイズ（FC）店を中心に関東から全国に進出、直営店のFC店転換も進めている。低価格戦略を進め、毎期新アイテム投入。アウトドア、スポーツ、レインウェアも手がけ顧客拡大に注力。出店ペースは2023年に1000店突破へ。


〈任天堂〉

1889年京都市下京区にて花札の製造を開始。1902年日本初のトランプ製造に着手。

1983年発売の「ファミコン」が大成功し、家庭用ゲームの世界的企業へ。2017年3月発売の「Nintendo Switch」が大ヒット。マリオやポケモンなど人気IPを活用しIP接触機会の拡大を図る。連結事業：ゲーム専用機97、スマートデバイス・IP関連収入等3、トランプ他0【海外】77〈23年3月期〉

〈マニー〉

栃木県発祥。栃木県の医療機器メーカー。手術針、医科手術器、歯科治療機器を3本柱とし、手術用縫合針で国内首位、眼科ナイフ、歯科用治療器で世界シェア首位を占める。ベトナム、ミャンマーなどを生産拠点に、売上の8割は海外。連結事業：サージカル関連製品28（31）、アイレス針関連製品35（33）、デンタル関連製品37（25）【海外】83（23年8月期）

社長の顔が見える企業の株5選

企業の業績に影響を与える社長の人物像や経歴は、投資判断において重要な要素です。そうした社長に関する情報は、ディスクロージャー誌会社のウェブサイトや会社四季報などで確認できます。

社長が変わるときには、新社長がどのような経歴やキャリアをもっているか、内部からの昇格なのか外部から抜擢《ばってき》されたのかなどを調べてみましょう。そうすることで、会社が今後どのような経営戦略を展開し、方向転換する可能性があるかなどがわかることがあります。

会社四季報の【株主】欄も参考にしましょう。社長や会長の名前が記載されている場合は、創業者である可能性が高いです。創業者であれば、雇用されたサラリーマン社長とは違って、創業時の情熱やビジョンを持ち続けて、革新的な取り組みに挑戦していると考えられます。その判断と決定のスピードは業績や株価にも影響するといえます。革新的な事業を創出し、成果を上げられる会社かどうか「社長」から推測することもあります。

創業者や社長の持株比率が高い会社は、社長自身が最大の株主であるため、株価の動きにも敏感です。自分の保有資産にもかかわるためです。投資先を選ぶときには、社長が株主と利益を分かち合う意識をもっているかどうかも重視しましょう。

社長に注目したい企業

企業名（銘柄） コード	株価（円） （2月9日）	配当金（円） 来期予想	予想配当利回り （％）	社長または創業者の 保有株比率（％）
ジンズホールディングス 3046	3,925	41	1.04	33.7
SHIFT 3697	27,370	0	－	31.4
ラクス 3923	2,411	2.6	0.11	34.1
メドピア 6095	674	4.5	0.67	24.1
LITALICO 7366	2,195	6.5	0.30	27.4

・四季報オンライン（2024年2月9日）より。

〈ジンズホールディングス〉均一料金の眼鏡を扱う「JINS」ブランドを展開する製造小売り。ロードサイドの店舗を拡大中。

〈SHIFT〉ソフトウェアの不具合を発見して取り除く品質保証が主軸。

〈ラクス〉メール共有・管理の「メールディーラー」。交通費精算システム「楽楽精算」などのクラウドサービスが好調。

〈メドピア〉医師向け情報サイト運営。医師求人情報サービスも手がける。法人向けの医療相談サービスや特定保健指導サービスなどヘルスケア事業も展開。

〈LITALICO〉障がい者の就労支援と発達障害の児童を支援する事業。プログラミングやロボットなどを学べる教室を周辺領域に拡大中。

誰もが知っている上場企業の創業者といえば、

ソフトバンクグループ　孫正義代表取締役
ファーストリテイリング　柳井正会長・社長
ニトリホールディングス　似鳥昭雄会長
ニデック（旧・日本電産）　永守重信会長

経営者である社長の力は経営手腕やリーダーシップ、判断と決定のスピードは業績や株価にも影響するといえます。

「すぐやる、必ずやる、出来るまでやる 」という永守氏の名言から、「情熱・熱意・執念」に人が動かされるのでしょう。
好奇心をもち、時代の変化に合わせて変えていく柔軟性、新しい価値をつくることを諦めず思いを貫く、そして人のために何ができるか常に考える姿勢、そのような求心力のあるリーダーの存在も企業の魅力として、判断材料になります。

私たちの暮らしを楽にする企業5選

使われていないモノや場所、スキルなど自分がもっている遊休資産を貸し出したり売買したりするシェアリングエコノミーが私たちの暮らしに浸透してきています。自分の車や家、スキルや知識などをオンラインのプラットフォームで貸し出したり、売買したりする「助け合い」です。皆さんもメルカリ、Uber、Airbnb（エアビーアンドビー）、Anyca（エニカ）、Timee（タイミー）などを日常的に利用されている人も多いのではないでしょうか。

シェアリングエコノミーは、個人の資産を有効に使うことで、社会の資源の効率化や節約につながります。さらに、環境問題や地域活性化などの社会的な課題の解決も期待されます。

モノやサービスは「所有」から「共有」へと、私たち消費者の意識が変わり、カーシェアやオフィスシェアのほか、家事や介護、教育などのスキルをシェアするサービスも普及してきています。２０２２年度の日本におけるシェアリングエコノミーの市場規模は、２兆６１５８億円となり、２０３２年度には15兆１１６５億円に拡大することが予想されています。（※）

シェアリングエコノミーは、エネルギー高や円安などの経済環境に対応するためにも有効な手段です。また、「助け合い」の精神を育《はぐく》むことで社会的なつながりも強化でき、今後も私たちの暮らしに深くかかわっていくでしょう。

（※）一般社団法人シェアリングエコノミー協会より

シェアリングエコノミー関連の企業

企業名（銘柄） コード	株価（円） （2月9日）	配当金（円） 来期予想	予想配当利回り （%）
ディー・エヌ・エー 2432	1,383.0	20	1.45
コメ兵ホールディングス 2780	4,840.0	98	2.02
トレジャー・ファクトリー 3093	1,442.0	30	2.08
シェアリングテクノロジー 3989	611.0	0	－
ジモティー 7082	1,531.0	0	－

・四季報オンライン（2024年2月9日）より。

私たちの暮らしをサイバー攻撃から守る企業の株5選

インターネット社会に生きる私たちの暮らしにおいて、サイバー攻撃を防ぐ対策はもはや必要不可欠になっています。サイバー攻撃の被害は単なる個人情報の流出や金銭的な損失にとどまりません。

社会インフラを狙った攻撃や、防衛関連企業の社内ネットワークへの不正アクセス、ＳＮＳ利用者のデータ流出、スマホ決済での不正利用が相次ぐなど、インターネットに関連する被害は多《た》岐《き》にわたります。

またサイバー攻撃によって政府機関や公共施設のシステムが停止したり、重要な情報が漏洩《ろうえい》したりすることで、国家の安全保障や社会の秩序が深刻な影響を受け、私たちの暮らしが失われる恐れもあります。

このようにサイバー攻撃は私たちの暮らしにとって大変な脅威です。そのため、個人や企業だけでなく、政府や国際社会も協力して対策を講じる必要があります。サイバーセキュリティーは、インターネット社会における平和と安全を守るために不可欠な分野であることはいうまでもありません。

今後、スマート家電、ウェアラブル端末、自動運転や遠隔医療などが普及していくと、サイバ

サイバーセキュリティー関連の企業

サイバーセキュリティは、米国企業が優勢ですが、ここでは国内のサイバーセキュリティーに関連した銘柄を見てみましょう。収益性（ROE、ROA,82ページで解説）や安全性（自己資本比率）の指標も踏まえ任意に選定しています。

	企業名（銘柄）コード	株価（円）（2月9日）	配当金（円）来期予想	予想配当利回り（%）	予想ROE（%）	予想ROA（%）	自己資本比率（%）
セキュリティー専業	**デジタルアーツ** 2326	4,335.0	80	1.85	25.6	16.0	68.1
	FFRIセキュリティ 3692	1,426.0	0	−	11.2	7.5	67.4
	トレンドマイクロ 4704	8,422.0	144	1.71	8.7	3.9	45.0
セキュリティ非専業	**野村総合研究所** 4307	4,121.0	54	1.31	20.9	9.4	44.9
	日立製作所 6501	12,080.0	170	1.41	9.6	3.9	40.2

・四季報オンライン（2024年2月）より。

大規模サイバー攻撃観測網（NICTER）が2022年に観測したサイバー攻撃関連通信数は約5226億パケット。2015年（約632億パケット）の8.3倍。依然、多くの攻撃関連通信が観測されている状態が続く。（総務省「情報通信白書」令和5年より）

ー攻撃の影響は今以上に深刻なものになると予想され、セキュリティー対策の強化がより一層求められます。

サイバーセキュリティーは、ひとつの企業が市場シェアを独占しているのではなく、専門分野に特化した強みをもつ企業が多く存在しています。

3章

企業の実力を見抜け！銘柄選びの目のつけ所

株価の上下を決める業績以外の要素とは

株価は、企業の売上や利益が伸びていれば上がると思っていませんか。確かに根本的な要因はそうですが、企業とは関係のない理由で変動することも多々あります。

株価は、基本的には需給のバランスによって決まるため、株式を買いたい人が多ければ株価は上がり、売りたい人が多ければ下がります。その需給のバランスは何に影響されるかというと、企業自体に関係することでは業績、事件、事故、市場全体には金利、為替、政治、天候そして天災など様々です。過去の株価急落の局面では、国際情勢が影響することが多く、外国人投資家の動向が日本の株式市場を動かしているといっても過言ではありません。

株式市場は様々な出来事、経済環境、要人の発言により動き、それぞれが関連しながら株価の変動につながっています。

例えば2016年6月23日に英国の国民投票で「EU離脱」が選択されたとき、その結果を受けた直後の東京市場では全面的に急落しました。そのようなパニック的な売りは一巡すれば、英国で大きく商売をしていない企業は影響が限定的となり、株式市場も落ち着きを取り戻します。ただ、2008年9月15日に起きた米投資銀行リーマン・ブラザーズの経営破綻を機に、世界的な金融危機と不況に発展するような場合には、株価の回復に時間がかかります。

株価が動く仕組み

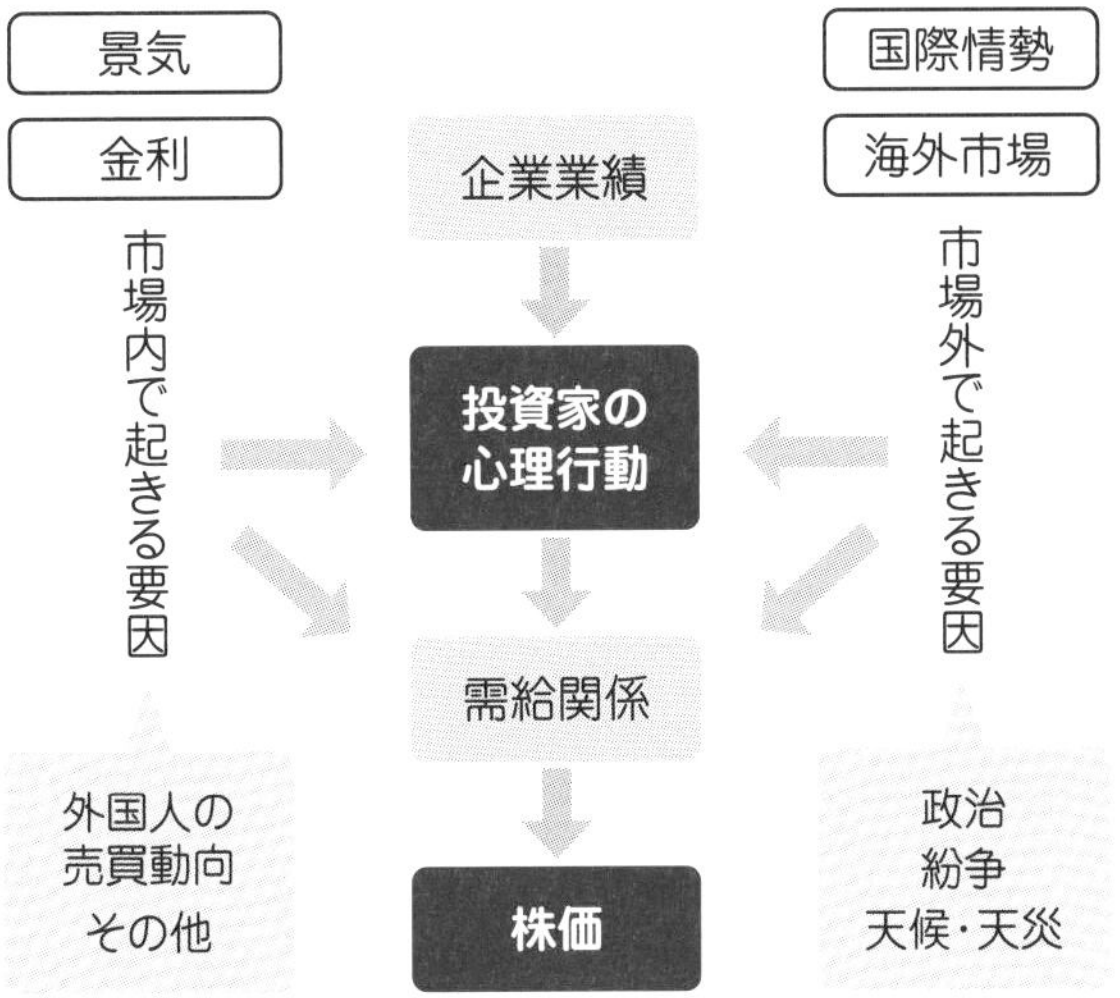

株式市場は様々な出来事、経済環境、要人の発言により動き、それぞれが関連しながら株価の変動につながっています。

・**株価**は、**企業の業績**により変動します。

・**企業の業績**は、**景気**に左右されることが多いため、景気の良し悪しは株価に影響します。

株価の上昇、または株価の下落は、景気の回復や後退に先行して動きます。

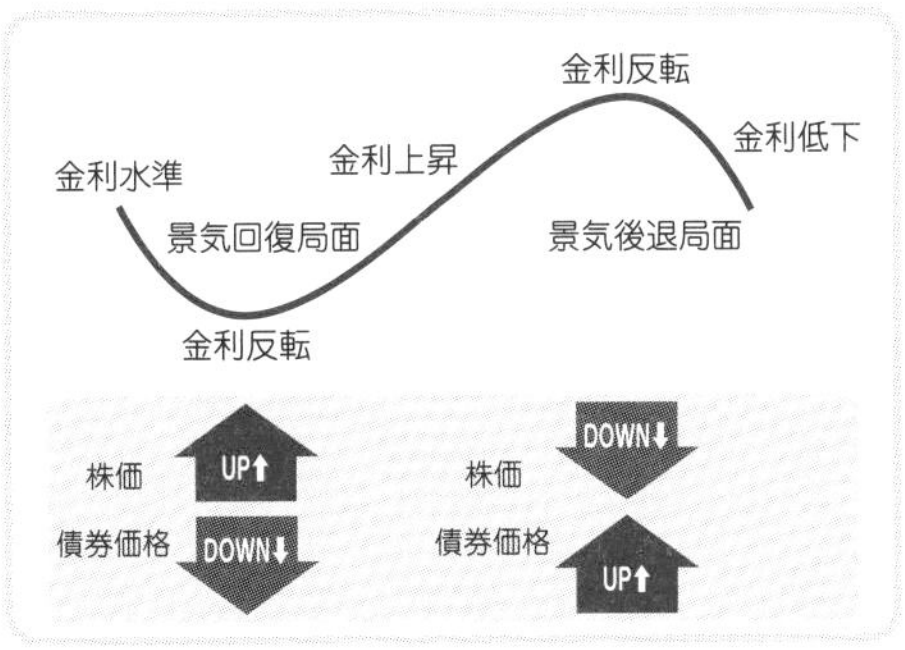

〈経済危機〉

1973年第一次石油危機

1987年ブラックマンデー

1991年バブル崩壊

1997年アジア通貨危機

2000年ITバブル崩壊

2008年リーマンショック

2020年新型コロナショック

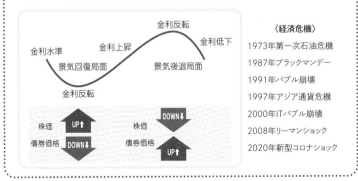

株価に影響が大きい外国人投資家の動向を見るには？

外国人投資家（以下、外国人）の動向が、株式市場を動かしているという事実は有名でしょう。国内の株式市場では外国人の存在が大きく、日本株全体における外国人の株式保有比率は約3割。証券取引所で日々取引されている売買代金の約6〜7割を外国人が占めています。

外国人は、日本の経済や政治の状況だけでなく、自国や他国の状況にも影響を受けます。例えば、米中貿易戦争や新型コロナウイルスの流行などは、外国人のリスク回避姿勢を強め、日本株からの資金流出を招きました。一方で、日本の企業の業績や株価水準、円安などは、外国人にとって魅力的な要素となります。

外国人が投資する資金は巨額であり相場を押し上げるだけの力があるため、株式市場を分析するには、外国人の視点に注目する必要があります。また外国人は、銘柄を選定する判断材料として企業の成長性やSDGsへの取り組みなどを厳しく評価します。このようなことから、外国人がどの企業に投資をしているかを知ることは、有望な企業を探るうえでヒントになります。

会社四季報では、「株主欄」に「外国」として、外国人投資家の持株比率（発行済株式数に占める外国人の持株数の割合）が表示されています。この比率が増えている企業は、外国人の存在が高まっている企業といえるでしょう。

外国人動向から何がわかる?

投資主体別株式保有比率の推移

株式分布状況（2022年）2023年7月6日公表

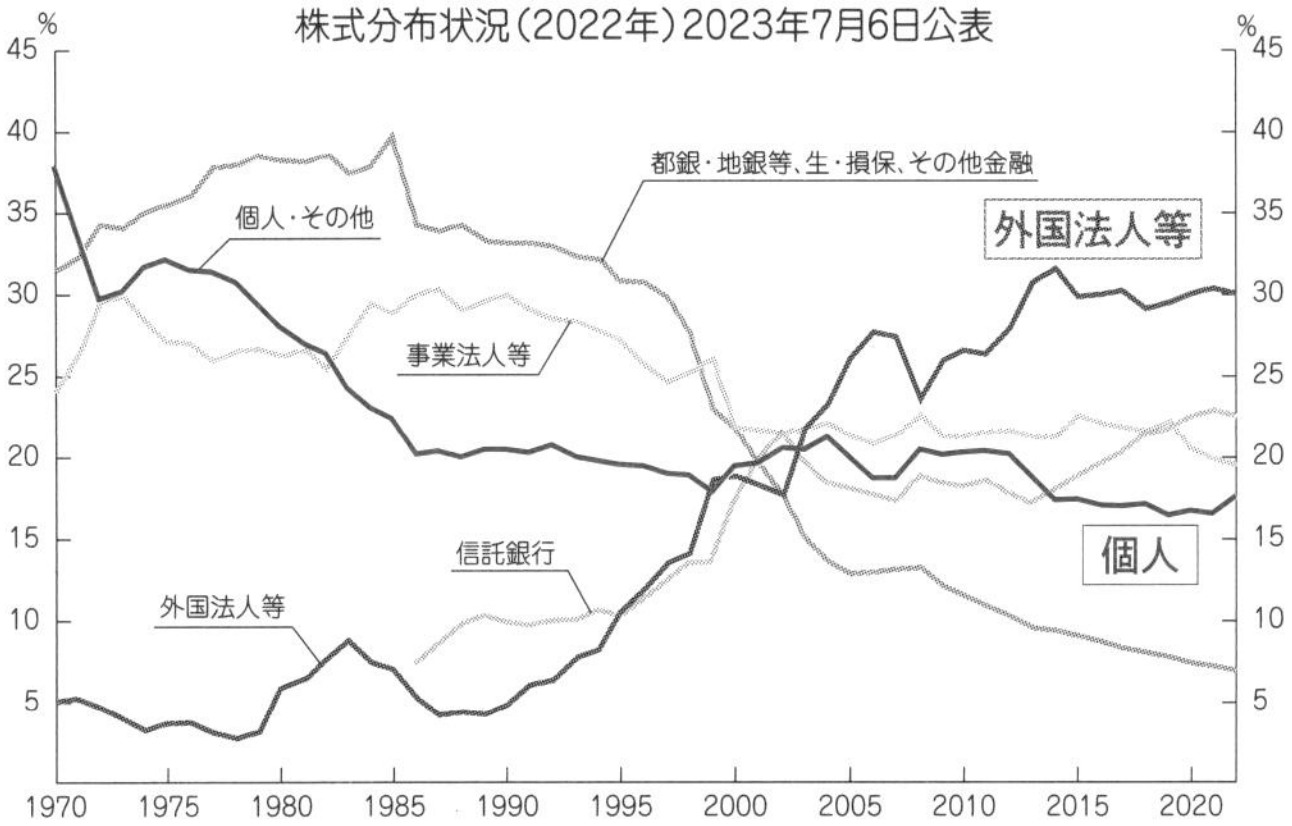

（注）1. 1985年度以前の信託銀行は、都銀・地銀等に含まれる。
2. 2004年度から2021年度まではJASDAQ証券取引所上場銘柄を含む。
2022年度以降はその時点での上場銘柄を対象とする。

（出所）日本取引所グループより

1989年12月	2000年3月	2018年7月		2024年1月末
590	446	651	時価総額（政府保有株除く、兆円）	931
8	43	71	外国人の売買シェア（%）	66
4	19	30	外国人株比率（%）	30.1
1,165	1,418	2,105	上場銘柄数（プライム市場）	1,655
62（単体）	115	18	平均PER（倍）	16.11
410	474	554	GDP（兆円）	591

（出所）日本取引所グループより。※GDPは、2022年4月～2023年3月内閣府統計データより

外国人に人気のある企業を参考に見てみましょう。

・「外国人持株比率増加率ランキング」…会社四季報では、3月本決算会社のデータが揃う夏号（6月）でランキングを出しています。

・スクリーニングによる「外国人保有増減（%）」

信用残から株価の行方を読むには？

株価を動かす需給のバランスに関係しているもののひとつに「信用取引」があります。「信用取引」は、証券会社から借りた資金や株式を使って最大約3倍までのレバレッジをかけられる取引です。「信用取引」では、株価が下がることで利益を得られる「空売り」の取引がおこなえます。どれぐらいの人が信用取引で買ったり、空売りをしたりしているのかを「信用残《しんようざん》」で知ることができます。信用残から、市場の需給バランスや投資家の心理を分析することができます。

「信用買い残」は、信用取引を使って、ある銘柄を買っている取引でまだ売り決済が終わっていない株数を示します。「信用売り残」は、信用取引で売り建て（空売り）をしていて、まだ買い決済が残っている株数のことです。信用買い残と信用売り残を合わせた信用取引が「信用残」です。

信用残として残っている株数は、6か月以内に決済する必要があるため、例えば、買い残として残っている株数は、期日までに決済により売りが発生する株数ということです。この信用残を確認することで、それぞれの銘柄が、現在、信用取引を使って「買い」や「売り」がどのくらい入っているのかを知ることができます。買い残が多ければ将来の売り圧力に、売り残が多ければ将来の買い圧力になると考えられます。

銘柄選びの際は、信用残にも目を配りながら相場の先行きを予測することに活用できます。

信用残の仕組み

買い残が多いということは株価が上がると考えている投資家が多いということを意味していますが、買い残が多いと、将来の期日までに売り圧力が強まるということも予測されます。

売り圧力が強まると、株価上昇を抑えることになります。

信用買い残増	信用売り残増
⬇	⬇
将来の株価 下落要因	将来の株価 上昇要因
⬇	⬇
半年以内に売却	半年以内に買い戻し
⬇	⬇
買い残減少	売り残減少

信用残は、それだけで売買の判断をするものではないですが、信用残も確認しながら株価の先行きの動きを予測しながら取引に活かすとよいでしょう。

信用残は、毎週火曜日の16時30分を目安に日本取引所グループにより公開されます。

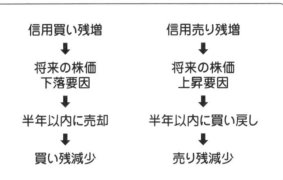

企業の強みを見つけるにはどうしたらよいか？

企業はそれぞれ事業の特徴や強みをもっています。世界有数の入場者数を誇る東京ディズニーリゾートを運営するオリエンタルランド（4661）は、世界最大のテーマパーク事業の1社として知る人は多いでしょう。コロナ前までは3000万人を超えていた年間の入場者数は、2024年3月期40周年記念イベントや海外ゲストの回復により増加が期待されています。入場者数の増加に伴い、宿泊収入の増加も見込まれます。

また、途切れることなくアトラクションやエンターテインメントを創出し、多くの人を魅了しています。そして何よりもこころの産業といわれるように、お客様に喜んでもらいたいという誠意が入場者に伝わるサービスが隅々まで行き届いていることが人気継続のゆえんでしょう。2024年3月期の売上予想は、コロナ前を上回る約5950億円、純利益は1095億円となっています。

このように事業の特徴や強みがわかりやすい企業もありますが、調べることで出合える企業も多くあります。社名だけではよくわからない企業や、社名から事業を連想できない企業は、会社四季報の「特色」を参考にするとよいでしょう。

産業の栄枯盛衰《えいこせいすい》により時代の変化に合わせて、もともとある技術から新しい事業を展開する企業や、自分の知らなかった企業を見つけるのも株式投資の醍醐味《だいごみ》です。

強みのある企業の例

人にも個性があるように、企業にも特徴があります。

社名から事業の特徴や強みが誰しも知っている企業もあれば、社名だけでは、どのような事業を展開しているかわからない企業もあるでしょう。そのようなときは、会社四季報の「特色」の内容を参考にします。

オリエンタルランド（4661）

入園者数世界有数のリゾート施設。

世代を超え、国境を越え、あらゆる人々が共に体験できるエンターテインメント。企業の理念とする「夢・感動・喜び・やすらぎ」を提供してくれます。企業がパーク内の施設を提供し、販売促進や広報活動などに使用する参加企業制度というシステムがユニークです。子どもたちは、次第に、アトラクションごとに、どこの企業がかかわっているかを確認するようになりました。

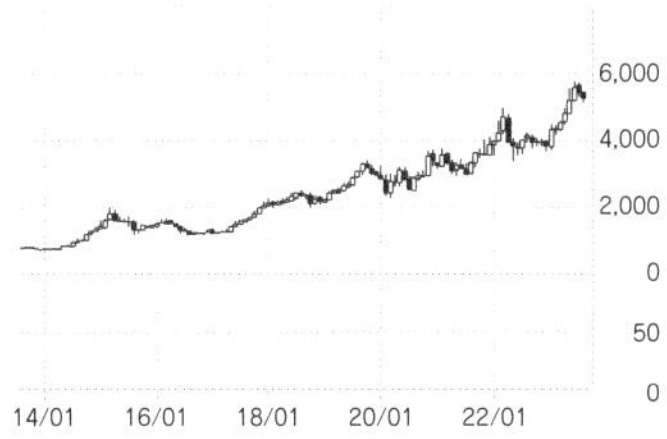

富士フイルムホールディングス（4901）

社名にある写真フィルムが後退する一方で、写真、医療機器、医薬、化粧品、液晶フィルム、半導体材料、事務機器など多岐にわたり展開しています。

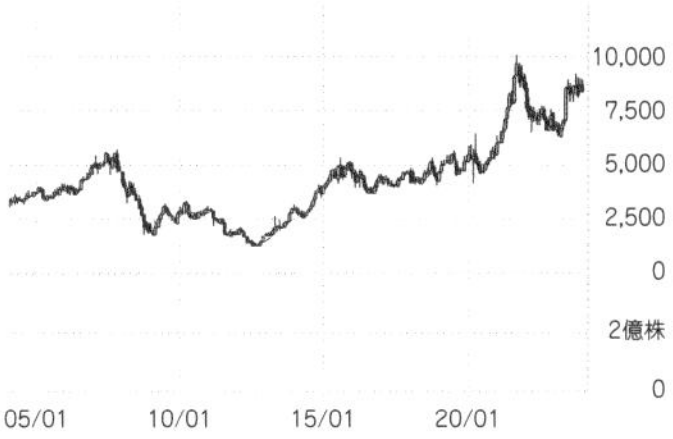

（出所：四季報オンライン）

時代の変化により繁栄する産業は移り変わる

- 1960年代 ： エレクトロニクス
- 1970年代 ： スーパー
- 1980年代 ： 専門店チェーン
- 1990年代 ： 情報処理
- 2000年代 ： IT・サービス関連
- 2022年～ ： 人工知能、5G、メタバース

収益の柱は？ どこで売上を上げているかを知る方法

企業の特徴をつかむには、その企業がどの事業を柱とし、何で利益を生み出しているのか、主な販路先はどこか把握することです。そこで役立つのが、会社四季報の「連結事業」です。

例えば、空調設備で有名なダイキン工業を見てみましょう。

空調・冷凍機91（9）、化学7（16）、他2（8）【海外】83〈23年3月期〉と記され、ここからこの企業が「空調・冷凍機」を主軸に、「化学」とその他を含めて3つの事業を展開していることがわかります。空調・冷凍機は売上高の91％を占め、化学は7％ですが、利益率を示す（ ）内の数値を見ると、空調・冷凍機では9％、化学の事業でも高い収益性があることがわかります。

また【海外】83は、海外売上比率を示しています。売上全体のうち83％と、海外で稼いでいる割合が高いことがわかります。

他にも、ミニショベルを世界で初めて開発した建設機械メーカー竹内製作所（6432）は海外売上比率99％、自転車部品メーカーのシマノ（7309）は91％、2輪車をはじめ多様な事業を展開するヤマハ発動機（7272）は93％など、海外売上が高くグローバル化が進んでいる企業は多く存在します。一方、海外を主な販路にしている企業は、為替による影響が大きく円高に振れる際には注意が必要です。

収益の柱の読み解き方

どのような事業を柱として利益を上げているか
どこへ向けて販売・提供しているか

竹内製作所（6432）

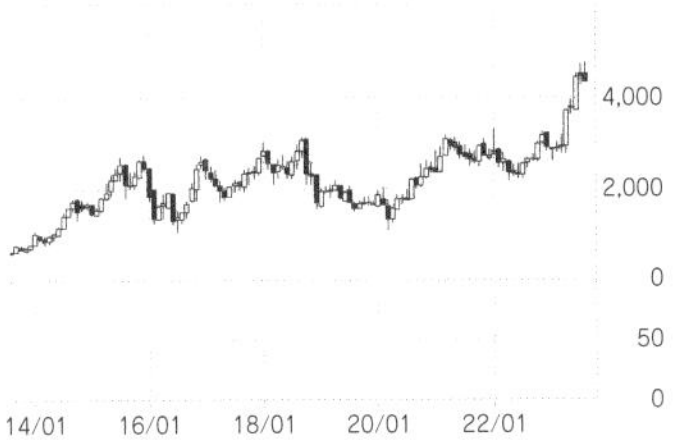

⬅「地方発祥企業」にも登場。売上全体のうち100%が建設機械。売上全体の99%が海外販売。円高に移行するときは注意が必要。
品質と性能の高さから、欧米のユーザーより「建機のベンツ」と呼ばれる。
2013年8月末日　651.0円
2023年8月末日　4,640.0円
2024年1月末日　5,100.0円

売上全体のうち100%が工場用間接資材販売。工場・工事用間接資材のネット販売はライバルが少ない。個人と小規模業者が主な顧客。商品の一部を輸入していることから、為替が円安に推移すれば商品調達コストを押し上げることとなる。
2013年8月末日　305.5円
2023年8月末日　1,722.0円
2024年1月末日　1,400.5円

➡ MonotaRO（3064）

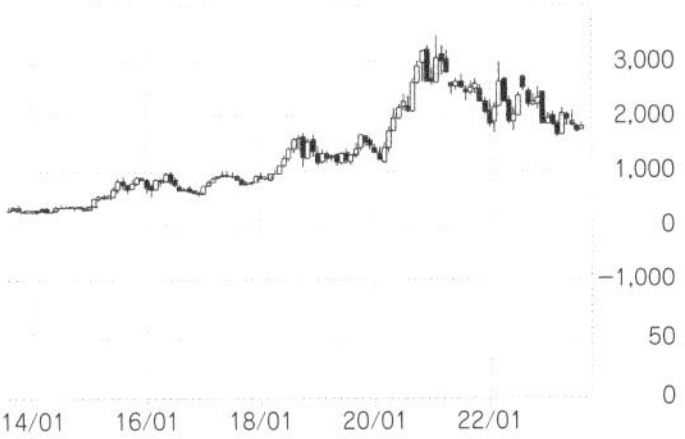

（出所：四季報オンライン）

企業の健康診断表・成績表・家計簿でよい企業を見極める

健康で性格がよく嘘をつかない人、成績もよく周囲に思いやりのある人……企業を人物にたとえれば、そんな人に投資したいものです。いったいどのように見極めたらよいでしょうか。

そのような企業は、社会に貢献することを目的とし、顧客や従業員、取引先などのステークホルダーとの信頼関係を大切にしています。また、経営状況や戦略などを公開し、環境や社会に配慮した持続可能な事業活動をおこない、将来にむけてイノベーションを創出しています。

投資家は、企業が公開しているディスクロージャー情報やIR情報により、財務状況や売上高、利益などの経営状況を知ることができます。その情報源の中でも、決算短信は決算の要点を簡潔にまとめていて便利です。財務諸表の要素や業績、将来の展望が記されています。また近年では財務情報のみならず非財務情報も踏まえた内容を「総合報告書」で公開しています。

財務諸表というと、一見とっつきにくい数字が並んでいて難しいという印象をもつかもしれませんが、企業の健康診断書、成績表、家計簿と思って見てみませんか。どのように資金を調達して、それをどう活用しているかを貸借対照表（健康診断書）で、どのように利益をあげたかを損益計算書（成績表）で、そしてその一連のお金の流れをキャッシュフロー計算書（家計簿）でまとめています。

企業を評価する数字

〈決算資料の種類〉

① **有価証券報告書**
決算後3か月以内に公表

② **四半期報告書**
決算後45日以内に公表。2024年4月より第1四半期と第3四半期報告書を廃止。

③ **決算短信**
（通期・四半期）
決算内容が決まった場合、ただちに公表（遅くとも決算後45日以内）

・主なディスクロージャー情報には、半期報告書、有価証券報告書、決算短信があります。
・IR情報は、事業報告書、アニュアルレポート、CSRレポートなど企業が任意で実施しています。
・EDINETで開示書類を閲覧できます。

〈財務諸表の種類〉

財務諸表	内容	役割
貸借対照表（BS）	決算時点での財政状態	会社の健康診断書 健全性・安全性
損益計算書（P/L）	決算期間の会社の経営成績	会社の成績表 収益性・成長性
キャッシュフロー計算書（CF）	決算期間における現金等の収支	現金の増減を示す家計簿 損益計算書の補完的役割

企業の選び方

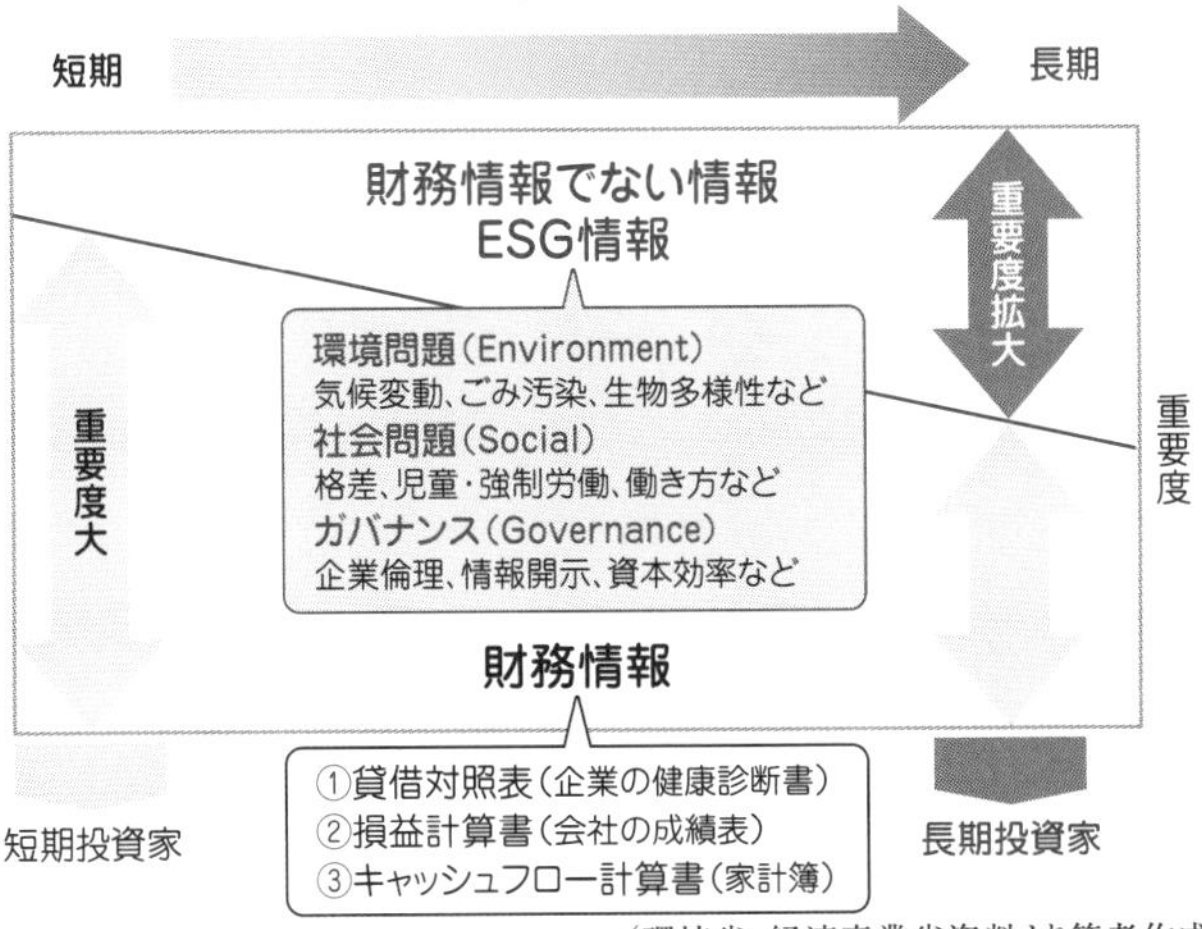

（環境省、経済産業省資料より筆者作成）

健康診断（貸借対照表）から健全な企業を探す

企業の健全性は貸借対照表から読み取ることができます。企業が事業に必要な資金をどこからどう調達し、それをどのように管理保管しているかを示すのが貸借対照表です。資産・負債（他人資本）・純資産（自己資本）の3つに分かれており、決算時点で資本とその裏付けとなるお金が示されています。これをバランスシート（以下、BS）といいます。

この開示に虚偽《きょぎ》がなければ、BSから企業の財務の健全性を判断できます。判断の目安は主にふたつあります。ひとつは、流動性比率です。資産の部の流動資産には預金など短期間に現金で使用するお金があります。右側の負債（他人資本）には流動負債があります。これは1年以内に返さなければいけないお金で、そのお金がすぐ準備できるのかを確認します。流動性比率は、流動資産÷流動負債で、200％以上を示せば短期的な債務の支払いに余裕があるといえます。

もうひとつが、自己資本比率です。自己資本比率は、返済しなくてもよいお金が全体の何％かを示すものです。比率が高いほど財務的に経営は安定、低いほど負債（他人資本）の影響を受けやすく不安定な経営であることを表します。安全性の目安としては40％以上あると良好な状況といえます。ただし、業種によりその目安には差異があります。情報通信のように設備投資があまり必要ない企業は高い数値を示す傾向があります。

貸借対照表とは

事業をおこなうためには資金が必要なため、借入れがあるのは問題なし。ただ、借金に頼り過ぎていないかどうかをチェックしておきましょう。

会社の事業資金をどのように調達し、どのように保有しているかを示すもの。

決算期時点で、会社がもっている財産、借金の内容を読み取ります。

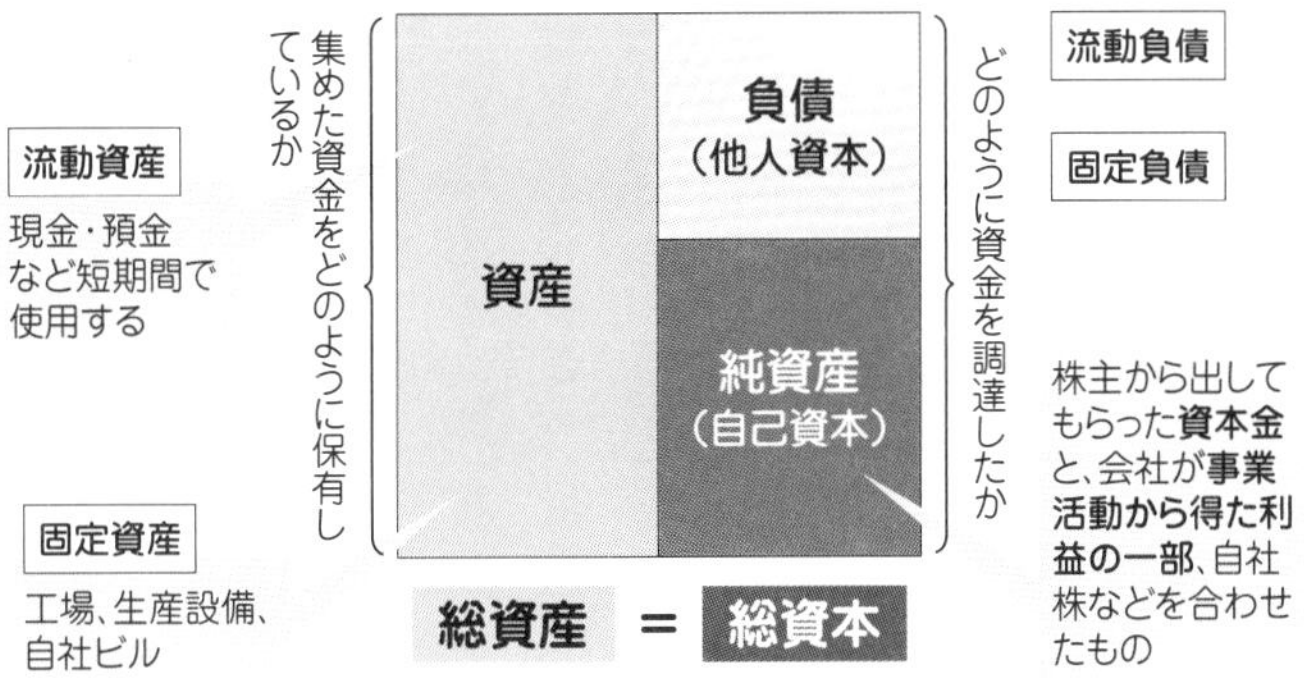

企業の健全性や経営の安定性を判断する目安

流動比率＝流動資産÷流動負債＝目安200％以上

自己資本比率＝純資産÷総資産＝目安40％以上

成績表（損益計算書）から儲かっている企業を探す

儲かっている企業を見つけるためには、1年間の事業活動の中で、どれだけの収入があり、経費がどれくらいかかり、最終的にいくらの利益が手元に残ったかを把握します。

売上高から順番に経費を引いていく引き算ではじき出す成績表です。売上高から事業にかかる経費を引くと、本業で得た利益の営業利益がはじき出されます。そこから本業以外の受取り利子や配当などの営業外収益や営業外費用を足し引きし、経常利益が算出されます。最終的な利益の当期純利益は、期ごとの会社の努力の結晶というわけです。この純利益から株主に配当が支払われます。

損益計算書の活用の仕方としては、同じ企業の数字を時系列で過去からの数値の変化を見ます。また同時期の同業他社5〜10社と比較してみます。営業利益、経常利益、純利益の伸び率にも注目して成績の伸び具合を見るというような活用が有効です。

最終的な利益の源泉も探ることができます。本業で稼いでいなくても不動産収入により安定的な収入が得られているなど、収益の中身も確認すると、今後の事業の方向性や収益性を考えるヒントになります。

損益計算書とは

1年間における活動で、どれだけの収入があり、どれだけの経費がかかったかを示したもの

売上高 － **費用** ＝ **利益**

最終的な利益が同じでも、それはその会社の本業で得た利益なのか、不動産等の売却益から得たものなのかにより、会社の見方が異なります。

損益計算書では、5つの種類の利益に区分されています。

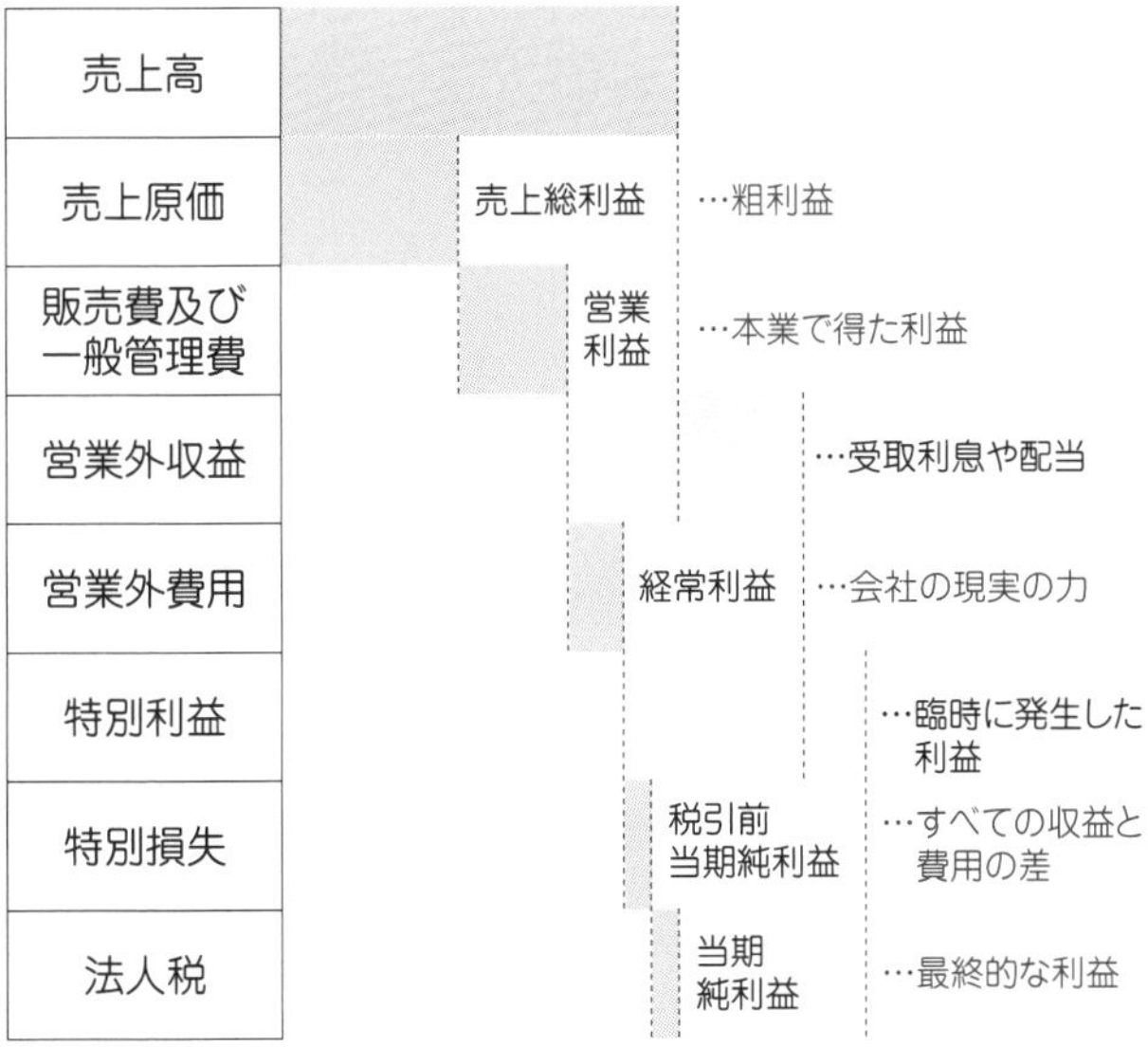

企業の家計簿（キャッシュフロー計算書）から“本当の利益”を見る

黒字倒産という言葉を聞いたことがあるでしょう。企業の業績がよく、売上、利益ともに順調に伸びていても、現金が足りずに経営破綻してしまうことがあります。ただ、その兆候はじつは「キャッシュフロー計算書（以下、ＣＦ）」（現金の収支）に表れているものです。

キャッシュフローは、企業が１年間事業をおこなった結果、お金がどれくらい増減したかを表します。損益計算書上の利益と実際に取得したお金は必ずしも一致しません。経理上の売上時期と実際の支払いには時差があるからです。例えば、売上は期末に計上したとしても、実際に代金が入金されるのは翌年度ということは往々にしてあります。つまり、キャッシュフローでお金の動きをチェックしないと、本当に利益が出ているかどうかわからないのです。

では、３つの種類のＣＦからお金の流れを読み取ってみましょう。営業活動で取得したお金の流れである営業ＣＦ、投資活動で得たお金の流れである投資ＣＦ、銀行借り入れや新株発行による資金調達により得たお金の流れである財務ＣＦです。

このうち一番大切なお金の流れは営業ＣＦです。営業ＣＦがプラスであれば本業でお金が入ってきていることを示します。入ったお金は借入金の返済や設備投資などに充当できます。マイナスの場合は、事業を維持するために資金を調達する必要がある状態といえます。

キャッシュフロー計算書とは

企業が1年間事業をおこなった結果、お金がどれくらい増減したかを表します。

営業キャッシュフロー	・営業活動によるお金の増減 ・本業によるお金の収入と支出の差額
投資キャッシュフロー	・投資活動によるお金の増減 ・設備投資や有価証券などの売買結果
財務キャッシュフロー	・財務活動によるお金の増減 ・事業活動を維持するために必要な資金の調達・返済によるお金の増減

キャッシュフロー計算書の読み方　3つのパターン

〈優良型〉　輸送用機器A社（単位：億円）

営業CF	29,550
投資CF	▲15,988
財務CF	▲561

投資CFのマイナス（設備投資等の増加）や財務CFのマイナス（借入金、社債等の返済、自己株式の購入等）を大幅な営業CFのプラスでカバーしているケース。本業でしっかりお金を獲得し、設備投資もしており安定しています。

〈積極投資型〉　卸売業B社（単位：億円）

営業CF	514
投資CF	▲602
財務CF	110

投資CFのマイナスを営業CFのプラスがカバーしきれない分は、財務CFのプラス（借入金、社債の発行、増資等）でカバーしているケース。順調な事業活動とともに将来への投資にも積極的です。

〈注意型〉　電気機器C社（単位：億円）

営業CF	▲613
投資CF	3
財務CF	667

本業である営業CFがマイナスであり、その分を投資CFのプラス（資産の売却等）と財務CFのプラス（借入金、社債の発行、増資等）でやりくりしているケース。資金繰りが厳しそうです。注意が必要です。

四季報データ　24年1集より

〈投資指標①〉収益性に関するモノサシ 利益を上げているかを見る

銘柄選びには、様々な視点から判断するための6つのモノサシの使い方を知っておきましょう。

ひとつ目は、海外投資家が重視する、収益性を示す自己資本利益率（ROE）です。ROEは、企業が株主から集めた資金（自己資本）からいかに効率よく売上をつくり出し、利益を増やせたかを示します。企業が株主に対してどれだけ責任を果たしたかを示す指標ともいえます。

ROEが10％以上あれば稼ぐ力があると見なされ、株主には株価の値上がり益や配当の還元が期待できます。ただ、自己資本が全体の何割なのか自己資本比率も合わせて総合的に評価する必要があります。ふたつ目のモノサシ、総資産利益率（ROA）はその点、借入金も含めた企業の総資産に対する利益率を示すため、企業の総合的な収益力を見ることができます。

なお、ROEは数値の操作が可能なため、注意が必要です。ROEは自己資本を減らすことで値が変わってしまいます。例えば企業が自社株買いをおこなうと、自社株を購入した金額分の自己資本が減少します。分母の自己資本を減らすことで、利益が伸びていなくてもROEを高く見せることができるのです。ROEを上げる手法として利用される場合があります。

一般的には、ROE10％、ROA5％以上を目安として収益性があるかを測り、企業の努力の結晶ともいわれる当期純利益やその他複数の指標とも照らし合わせて総合的に判断します。

投資先を決める目のつけ所

成長性	売上高 営業利益 経常利益 当期利益	対前期比 伸び率を見る
収益性	総資産利益率（ROA） 売上高利益率 自己資本利益率（ROE）	5%以上 10%以上
安全性	流動比率（流動資産÷流動負債）	企業の短期的な支払能力
	固定比率（固定資産÷自己資本）	固定資産への投資資金が自己資本で賄われているか。
	自己資本比率	資本構成が安定しているか。 40%超がひとつの目安。

複数の投資指標（6つのモノサシ）を参考に、様々な視点から銘柄を選定します。

収益性に関する指標	①ROA（総資産利益率）：総資産に対する利益率 ②ROE（自己資本利益率）：自己資本に対する経営の効率性
株価に関する指標	③PER（株価収益率）：利益から見た株価の割安性 ④PBR（株価純資産倍率）：純資産から見た株価の割安性
配当に関する指標	⑤配当性向：株主への利益還元率 ⑥配当利回り：株価に対する配当金の割合

ROA 総資産利益率 Return On Asset

総資産に対する「**利益率**」

$$ROA(\%) = \frac{当期純利益}{総資産} \times 100$$

・総合的な稼ぐ力がどれくらいあるか。会社がもっているすべての資産を使って、1年間にどれだけの当期純利益を上げられたかを示す。

ROE 自己資本利益率 Return On Equity

自己資本に対する効率性

$$ROE(\%) = \frac{当期純利益}{自己資本} \times 100$$

・自己資本を使って、1年間にどれだけの当期純利益を上げられたか。つまり株主の資本をどれだけ効率的に利益に結びつけたかを示す。

〈投資指標②〉株価に関するモノサシ 利益から見る株価の水準

株式投資で悩ましいのが売買のタイミングです。安く買って高く売り、差益を得たいところです。株価の高安を判断するモノサシのひとつに、株価が企業の利益に対して割高か割安かを測る株価収益率（以下、PER）があります。株価を1株当たり純利益で割って算出します。今の株価が1株当たり純利益の何倍まで買われているかを示し、数値が低いと割安、高いと割高とされますが、すべての企業に共通して目安となる基準値はありません。その企業の過去の推移と比較したり、業種平均やライバル企業のPERを売上高や時価総額の近い銘柄と比較して判断します。

また、投資家からの期待が高いとPERが高くなります。株式は、先行きの成長を期待して買われるため、伸び盛りの企業のPERは高くなり、成熟した業種の企業のPERは低くなる傾向があります。

任天堂（7974）の過去のPER、1株当たり純利益、株価の推移を例に見てみましょう。2016年3月、2017年6月から9月にかけてもPER110倍と1株当たり純利益の100倍を超える価格まで買われており、将来への期待の高さがうかがえます。最近のPERの推移は過去3年の平均PERが19・41倍で安定しています。ただし、割安（割高）の判断は、来期の純利益が伸びるかどうかにかかっています。

株価をどう見るか

PER

株価収益率
Price Earnings Ratio

利益から見た株価の割安性

$$\text{PER（倍）} = \frac{\text{株価}}{\text{1株当たり当期純利益（EPS）}}$$

例）株価1,000円、予想1株当たり当期純利益80円の場合
…1,000円÷80円=12.5倍

・同企業や市場全体の過去のPERと比較する
・何倍だと妥当という水準を示すものではない

〈同業他社と比較〉

企業名（銘柄）コード	株価（円）23年2月9日	PER（倍）	PBR（倍）
大成建設 1801	4,983.0	19.61	1.10
大林組 1802	1,390.5	16.90	1.02
清水建設 1803	892.4	64.29	0.78
鹿島 1812	2,683.5	12.07	1.30

同業他社と比べて割高な水準に。今期（2024年3月期予想）経常を一転赤字に下方修正。配当も7円減額に。

〈同企業の過去のPERと比較〉

任天堂（7974）の例	株価（円）	PER（倍）	1株当たり当期純利益（円）
2016年3月	1,600.0	116.36	13.75
2017年3月	2,583.0	30.25	85.39
2018年3月	4,686.0	40.32	116.23
2019年3月	3,156.0	19.54	161.55
2020年3月	4,161.0	19.16	217.12
2021年3月	6,181.0	15.33	403.26
2022年3月	6,167.0	15.24	404.67
2023年3月	5,131.0	13.81	371.41

1株当たり利益の100倍の株価で買われ、人気の高さ、将来への期待の高さがうかがえます。

過去3年平均
19.41倍

〈投資指標③〉株価に関するモノサシ
純資産から見る株価の水準

株価の水準を測るもうひとつのモノサシは、企業の純資産から見て株価が割安（割高）なのかを見る株価純資産倍率（以下、ＰＢＲ）です。純資産とは、企業が解散したときに株主に残される資産です。株価を1株当たり純資産で割って算出するＰＢＲは、株価が企業の解散価値の何倍まで買われているかを表します。ＰＥＲと同様に同企業の過去の数値や他企業と比較し、割安（割高）を判断します。ただ、ＰＢＲの場合には「1倍」が高安の基準、下値の目安と捉えます。

例えば、1株当たり純資産が、８００円の企業が解散した場合、株主は1株当たり８００円を手にすることができます。この企業の株価が８００円未満（ＰＢＲが1倍未満）の場合、株式購入後に企業が解散すれば、理論上は利益を得られることになり、企業のもつ本来の価値よりも株価が安くなっていることになります。

ただし、ＰＢＲが1倍を割り込んでいる企業が必ずしも割安とは限りません。理由は様々ですが、企業業績が赤字により純資産の減少につながっているケースもあります。反対に、ＰＢＲが高いから割高と決めつけることもできません。純資産が少ない新興企業はＰＢＲが高くなりがちです。また長年ＰＢＲが1倍割れの企業もあります。ＰＢＲだけで判断するのではなく、本業でしっかり稼いでいるか営業利益率など他の指標と合わせて見ることが必要です。

純資産倍率とは

PBR

株価純資産倍率
Price Book-value Ratio

純資産から見た株価の割安性

$$\text{PBR（倍）}=\frac{\text{株価}}{\text{1株当たり純資産（BPS）}}$$

例）株価600円、1株当たり純資産800円の場合
…600円÷800円＝0.75倍

・株価が「解散価値」の何倍かを示す。
解散価値とは、会社が事業活動をやめて、資産を分けたときに株主に分配される資産のこと。
・株価下落時、1倍の水準が下値の目安。
1倍は株価と資産価値が同じ。PBRは低いほうが割安と判断される。

〈投資指標④〉配当に関するモノサシ
株主に還元する姿勢を見る

配当金を目当てに投資したいという方もいるでしょう。配当金をどれくらいもらえるのか、企業は配当を利益のうちからどれくらい還元してくれるのかを測るモノサシである、配当利回りと配当性向《せいこう》を見てみましょう。

配当利回りは、1株当たりの年間配当金が投資金額の何%になるかを示すものです。一方、配当性向は、1株当たりの配当金を1株当たりの純利益で割ったもので、企業の利益のうちどれだけを株主に還元しているかを表します。配当利回りが高いほど投資金額に対して多くの配当金がもらえ、配当性向が高いほど企業は株主に対して寛大といえます。しかし、これらの指標は単純に比較するだけでは不十分で、業種や成長性、財務状況なども考慮する必要があります。

配当利回りは、1株当たりの年間配当金を現在の株価で割って求めます。例えば、現在株価が1000円で、配当金が年30円であった場合、配当利回りは3％（30円÷1000円）となります。なお、投資を検討するときは、年間配当金の予想値で計算し、判断材料とします。ただ、株価が下落すると、配当利回りは上昇します。株主への還元姿勢を強め、配当性向を高める企業も増えていますが、利益のほとんどを配当として株主に還元すると、内部留保の減少を招き、事業に使うお金が少なくなることがあります。

スティーヴン・キング大全

ベヴ・ヴィンセント　風間賢二訳

作家生活五十周年！　ホラーの帝王のコンプリートガイド。キング自身が提供した写真、手書き原稿、編集者との手紙等の図版を多数収録。

▼五四七八円

東北モノローグ

いとうせいこう

震災の癒されえぬ傷痕、そのうえを流れた時間はなにを残したのか。東北の人々の声に耳を澄ます、文学とノンフィクションの臨界点。

▼二二〇〇円

塔のない街

大野露井

「窓通信」「狂言・切り裂きジャック」……ロンドンを舞台に絡み合う七つの物語で、気鋭の翻訳家が「文学」に挑むデビュー小説。

▼二四二〇円

笑いあり、しみじみあり　シルバー川柳　人生ブギウギ編

大好評！　全国六十～超百歳のリアルシルバーが作った川柳傑作選・第二十三弾。爆笑、涙の驚き作品一九〇句。毒蝮三太

企業の配当の方針の見方

配当性向

$$\text{配当性向（\%）} = \frac{\text{1株当たり年間配当金}}{\text{1株当たり当期純利益}} \times 100$$

例：1株当たり当期純利益100円のとき、配当性向を10%と定めている会社は、100円×10%=10円

配当利回り

$$\text{配当利回り（\%）} = \frac{\text{1株当たり年間配当金}}{\text{株価}} \times 100$$

例：1株当たり年間配当金30円、株価1,000円の場合…
30円÷1,000円×100=3.0%

企業の稼ぐ力を本業での収益で見る

株価が動く根本的な要因は企業の業績です。企業の稼ぐ力を判断する指標のひとつに「営業利益率」があります。企業の売上高に対し本業でどれくらい稼いでいるかを測るものです。高い営業利益率を示す企業は、経費などを抑え製品力等で収益が好調であると見ることができます。

売上高、営業利益について時系列で過去からの変化を見て、今が上り坂なのか下り坂なのか確認しておきましょう。売上、利益ともに過去から着実に伸びていて、予想の数値も伸びていれば株価にも反映してくると予測することができます。時系列でその数値を追っていくと企業の稼ぐ力を読み取れます。

生産工程の自動化を図るセンサ、測定器、画像処理機器、制御・計測機器大手のキーエンス（6861）は、営業利益率50％超えを安定的に維持しています。コスト削減と生産性向上を実現させる工場全自動化に準じる生産ライン等に国内外からの需要があります。連続して増配も実施しています。一方、自転車部品で世界首位のシマノ（7309）は、22年12月までは営業利益率26・9％でしたが、23年12月予想は16・7％、24年12月予想も12・6％と一時のペースより落ちています。コロナ禍では、密を回避する移動手段として自転車の需要が拡大し業績に寄与したという背景があります。

営業利益率の見方

企業の稼ぐ力 ➡ 営業利益率

営業利益÷売上高×100

【業績】（百万円）	売上高	営業利益	税引前利益	純利益	1株益（円）	1株配当（円）
連 19.3	8,800	960	960	620	48	12
連 20.3	10,100	1,250	1,240	860	67	14
連 21.3	12,000	1,260	1,250	890	70	18
連 22.3	15,000	1,800	1,800	1,200	92	24
連 23.3	20,000	2,500	2,500	1,800	130	30
連 24.3	25,000	3,000	3,000	2,000	150	33

売上高、営業利益を時系列で過去からの変化を見ます。

営業利益率の変化から、上り坂か下り坂かをチェック

稼ぐ力　営業利益率で見る

企業名（銘柄）コード	株価（円）（2月9日）	配当金（円）来期予想	予想配当利回り（%）	決算	営業利益率来期予想（%）	予想ROE（%）	予想ROA（%）
キーエンス 6861	65,730.0	300	0.46	3月20日	54.29	13.8	13.0
シマノ 7309	21,385.0	285	1.33	12月	12.62	8.0	7.3
オービック 4684	22,150.0	270	1.22	3月20日	64.52	15.3	13.6
ミズホメディ 4595	3,815.0	120	3.15	12月	46.36	25.5	21.2

（2024年2月四季報より）

株価の上昇にこだわりすぎずに高収益・配当・優待の欲張りな投資を

稼ぐ力のある企業と見て投資をしても、その成果がすぐに株価に反映されるとは限りません。株価の動きには一喜一憂《いっきいちゆう》せず、配当金や株主優待を受け取りながら株価の値上がりを待ってはいかがでしょうか。自己資本利益率（ROE）10％以上、総資産利益率（ROA）5％以上、配当利回り1・5％以上、かつ魅力的な優待品を提供している銘柄を任意で選定してみました。

セブン‐イレブンの店内に並んだお魚のお総菜を目にしたことはないでしょうか。STIフードホールディングス（2932）は、水産食品やおにぎり具材の製造を水産原料の調達から食品の製造・販売を一貫しておこなう食品メーカーです。売上高の8割以上がセブン‐イレブン・ジャパン向けで安定しています。収益性を示す自己資本利益率（予想ROE）は21・9％、財務面での安全性を示す自己資本比率は、44・6％、借入金も含めた企業の総資産に対する利益率を示す総資産利益率（予想ROA）は9・7％です。連続増益と今後の増配も予想されます。さらにオリジナルブランドのさばのお惣菜缶詰の株主優待付きです。

福岡県発祥の基礎化粧品や健康食品、医薬品を開発しているファブレスメーカー新日本製薬（4931）の配当+株主優待利回りは4・51％と良好。シニア中心だった顧客層から若年層向けの商品も開拓中で販売が伸びています。

株価にとらわれない目のつけ所

高収益企業に投資　配当+株主優待保有の一例

企業名（銘柄）コード	株価（円）（2月9日）	配当金（円）来期予想	予想配当利回り（%）	優待権利確定月（月）	予想ROE（%）	予想ROA（%）
日本M&Aセンターホールディングス 2127	896.3	23	2.57	3月	23.3	18.3
〈年間優待品〉	新潟県魚沼産コシヒカリ5kg　※1年以上継続保有の株主のみに贈呈					
STIフードホールディングス 2932	4,030.0	70	1.74	6月・12月	21.9	9.7
〈年間優待品〉	自社商品を贈呈。100株以上保有で、3,000円相当の株主限定自社商品。23年6月は缶詰（さばみそ煮等）9缶。					
東計電算 4746	3,545.0	115	3.24	12月	11.7	9.6
〈年間優待品〉	100株以上保有で、おこめ券（2kg分）を贈呈。					
新日本製薬 4931	1,779.0	35	1.97	9月	13.3	10.2
〈年間優待品〉	自社化粧品またはトリートメントシャンプーまたは青汁または買物優待券（5,000円）を贈呈。100株以上保有で、4,000円相当の自社商品（化粧品）。300株以上保有で、10,000円相当の自社商品（化粧品・トリートメントシャンプー・青汁）および買物優待（5,000円）。※6カ月以上継続保有の場合100株以上300株未満は8,500円相当の自社商品（化粧品・青汁）、300株以上は25,000円相当の自社商品（化粧品・青汁・季節限定化粧品）および買物優待券（5,000円）。					
KeePer技研 6036	6,420.0	50	0.78	12月	42.7	32.0
〈年間優待品〉	(1)株主優待カード(2)新車・中古車購入時優待券（30,000円相当）100株以上保有で(1)20%割引および(2)、1,000株以上保有で(1)25%割引および(2)、2,000株以上保有で(1)30%割引および(2)					

・優待権利確定月：株主優待の権利を取得する月。権利確定日の2営業日前（権利付最終売買日）の時点で、株式を保有していると優待や配当金を取得できます。
・四季報オンライン。(2024年2月)

STIフードホールディングスが提供する商品から、東北地域への活性化を応援する意義も感じ取れます。
100株保有の株主に対して3,000円相当の優待品が贈呈されるため優待利回りは、0.74%。配当利回り1.74%と合わせると2.48%です。

さばの缶詰ブランド「STONE ROLLS」は石巻の漁港で生まれた商品です。生産工場である株式会社STIミヤギ（100%子会社）は、2021年4月に本店所在地を宮城県石巻市に移し、雇用の創出も含めた東北地区の活性化と水産食品事業の発展を目指しています。

「FIRE PORTS」は焼津の漁港から誕生したブランドです。「FIRE PORTS」の生産工場である株式会社STIサンヨー（100%子会社）は、静岡県焼津で缶詰をつくり続けて70年。「びんながまぐろ」青辛子仕立てなどの商品があります。

増配を続ける強気の企業を選ぶには？

株式市場は、世界の予期せぬ出来事により株価の乱高下が避けられなくなることがあります。そのような状況でも落ち着いて保有できそうな株の条件のひとつに、増配を連続している好業績の銘柄が考えられます。保有しているだけで一定の配当収入が得られるため、あわてて売却しようとする人も少なく、売る人が少なければ株価の下値が堅固に抑えられるといえます。

ただし、配当を目的とした銘柄選びには注意も必要です。配当金は、企業が得た利益から支払われます。経営状態が悪化し、減配や無配になることのないよう、次のポイントを押さえておきましょう。①来期以降の業績と配当の伸びが見込まれること。②企業の財務状況が安全であること。③配当性向が一定以上であることです。

22年連続増配を達成する総合通信会社A社は、売上高、営業利益ともに順調に伸ばしてきており、営業利益率も18％以上を継続しています。増配を継続する企業は業績にも自信があることがわかります。財務面での安全性を示す自己資本比率は40・2％となり、経済環境が悪化しても配当をすぐに減配や無配にするということは避けられそうです。なお、配当性向は40％超を表明しており株主還元への姿勢も強めています。

連続増配の株の選び方

高配当利回り銘柄と呼べるのは**予想配当利回り3%以上が目安**
まずは**「予想配当利回り」**と**「連続増配」**をチェックします。

〈配当金が今後も継続的に支払われるかを見極めるポイント〉
高配当株を選ぶ際は企業が配当を継続的に出す力があり、かつ増配を続けられる業績と財務状況の健全性が求められます。

【押さえるポイント】
- ・売上高および純利益が増加していること
- ・配当性向が一定以上であること
- ・自己資本比率が40%以上であること
- ・現預金が潤沢な企業であること
- ・企業の成長性が見込めること

高配当利回り、連続増配を維持する成長銘柄で配当金を長期で得ながら運用。

	決算期	売上高（百万円）	営業利益（百万円）	1株当たり配当金（円）	営業利益率（%）
総合通信会社A社	2019年3月	5,080,353	1,013,729	105	19.95
	2020年3月	5,237,221	1,025,237	115	19.58
	2021年3月	5,312,599	1,037,395	120	19.53
	2022年3月	5,446,708	1,060,592	125	19.47
	2023年3月	5,671,762	1,075,749	135	18.97
	2024年3月予想	5,815,000	1,095,000	140	18.83
	2025年3月予想	5,950,000	1,150,000	140	19.33

自己資本比率（%）	配当性向（%）	現金等（億円）
40.2	40.0	4,802

A社の有価証券報告書、決算短信、会社四季報より

指数から銘柄を探してみては?　組入れ銘柄一覧から探し出す

- ・配当利回りの高い銘柄を選定した**「東証配当フォーカス100指数」**
- ・予想配当利回りの高い50銘柄を集めた**「日経平均高配当50指数」**

売上高の変化を追いかける増収率に注目！

株価の上昇に大きく寄与するのは企業の「利益」です。モノやサービスが世の中の多くの人に届いて喜ばれ、広がっていき、多くの人に売れることで利益が生まれます。売上高に目をむけると、消費者、ユーザー層を広げ、知名度、人気を上げ売上が伸びてこそ、利益も伸びるという流れになります。売上高を上げるには、新商品（新技術）の開発・提供、グローバル化を含めたシェアの拡大、すでにもっている顧客層にむけての新サービス・事業の提供などが考えられます。

そこで、売上高をどれくらい伸ばしているか増収率15％以上を目安とします。プログラムが正しく動作するかを検証するソフトウェアテストなど品質保証事業を柱とするITソリューション会社SHIFT（３６９７）を例に見てみます。過去5年平均で48％の増収率を示し、売上、営業利益ともに今後も増える予想を示しています。実績を反映して株価は、２０１７年8月終値１４１８円、２０２３年12月末は3万５８２０円まで上昇しています。5年以上連続で増収率20％超の実績がある企業は、株価を2倍に伸ばしている企業が少なくありません。

増収を継続できる企業は、経済や市場環境の変化に柔軟に対応しながら、事業を拡大させているると見ることができます。競争力の高いモノやサービスを展開する企業であり、今後の売上や利益成長も期待されます。

売上高の目のつけ所

「利益」は「売上」あってこそ生まれるもの。売上高の減少が続けば、企業にも限界が訪れるため、売上高を増やすことが企業の成長の原動力。

・売上高が一定水準を超えてくると利益が急伸する傾向。

・売上高がどれだけ増えているかを表す「増収率」

（当期の売上高 － 前期の売上高）÷ 前期の売上高 × 100%

15%～20%以上が続くと、利益も増え、株価に反映されてくることが多い。

SHIFT(3697)の売上高の変化率

SHIFT（3697）の例	売上高（百万円）	増収率（%）	営業利益（百万円）
2018年8月	12,791	56.54	1,199
2019年8月	19,531	52.69	1,540
2020年8月	28,712	47.01	2,353
2021年8月	46,004	60.23	3,994
2022年8月	64,873	41.02	6,913
2023年8月	88,030	35.70	11,565
2024年8月予想	118,000	34.05	13,900
2025年8月予想	154,000	30.51	18,400

2023年8月決算資料より

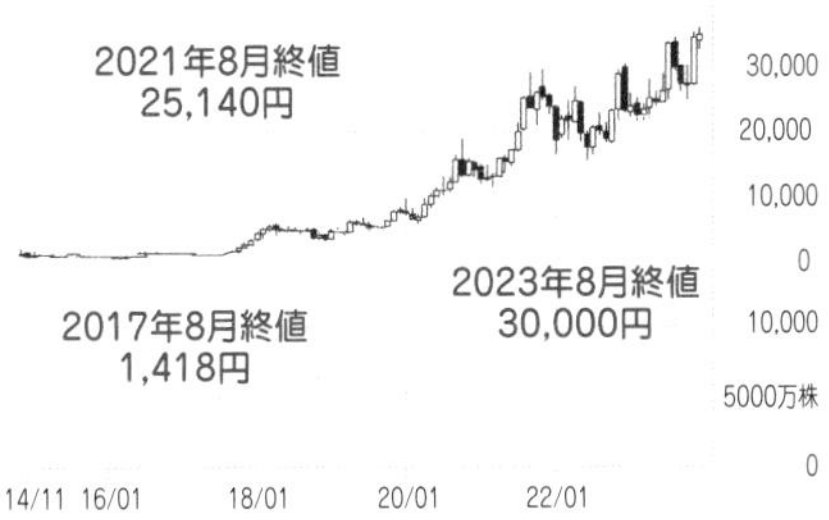

5年以上連続で売上を継続的に伸ばす企業例

企業名（銘柄）コード	連続増収期数	増収率平均（%）	2018年12月終値（円）	2023年12月終値（円）	決算
ケアネット 2150	8	25.9	200.0	1,097.0	12月
神戸物産 3038	13	32.9	811.2	4,166.0	10月
SHIFT 3697	15	55.9	3,600.0	35,820.0	8月
ラクス 3923	13	27.0	425.2	2,612.5	3月
レーザーテック 6920	11	30.7	1,401.0	37,170.0	6月

金融経済教育のために親子で株式投資してみよう！

子どもに株式投資を体験させたというご家庭もあるのではないでしょうか。経済や社会に興味をもち、視野が広がることが期待できます。景気や国際情報により株価が変動したり、業績により配当金が減ってしまったり、為替によっても業績が変わることを自分事として体験することになります。

「クルマ好き」だった息子に「自分が応援したい会社の株式を買ってみたら」とすすめ、資金を出してやりました。

投資の面白さを実感したのは2011年にトヨタ自動車（7203）が2000円台前半（当時は1：5の株式分割前のため現在価値に換算すると400円程度）まで下落したときです。

下落は金融危機の世界同時不況や米国でのリコール問題が背景にありましたが、息子は買い増すと自分で決めました。

リコール問題はニュースでも報道され、米議会の公聴会に豊田章男氏が召喚《しょうかん》された際の映像を仁王立ちで見ていましたが、「過去数年の株価の動向や商品力から見て、株価がさらに下がることはない」と考えたようです。

買い増し後、トヨタ自動車の株価は回復基調をたどり、2015年7月には8000円台（1：

子どもの投資教育の意味

1. 経済・世界で何が起きているか、社会全体を学ぶ場
2. 成長投資枠で資金は親が運営・管理する。
3. 投資先の企業、売買のタイミングは子どもに決定させる。

↓

- 国際情勢、経済ニュースに敏感になる。
- 株価の上昇に大いに喜び、企業の成長にも興味をもつ。
- 自分の好きなモノやサービスを提供している企業をインターネット等で見つけ、ワクワクしながら様々な開示情報により調べるようになる。
- 就職活動の際にも企業選びを楽しむようになる。

未成年口座の開設の主な条件は、親権者が同じ証券会社に口座をもち、子どもの口座開設と取引に同意すること。ただし、NISA口座の開設は18歳以上。

5の株式分割前）へ。配当金も1株200円と2010年3月期の45円から4倍強になりました。資金の一部を大学の入学金に充当し、残りを今でも保有し運用を継続しています。

子どもにとっても投資先の選び方が大切です。子どもの好きなモノを扱う企業を選べば、株価の変動の理由を夢中で調べます。

4章

有望企業を探せ！ ワンランク上の目利き力を磨く

推し株は自己表現と捉え、セルフ・ブランディングを！

何事も〝楽しくなければ続かない〟ものです。この会社のこんなところが好き、この会社には子どものころから夢をもらってきたなど自分の気分が上がる企業を推していきましょう。単に資産を増やす目的に終わらず、ワクワク感が人生の道標になります。投資する銘柄の株価が値下がりしているとき、なぜこの銘柄（会社）を自分が購入したのか説明できるでしょうか。しっかり自分の考えを熱く語ることができれば、銘柄を保有するも売却するも自分で決められるはずです。「推し」だからこそ、常に情報アンテナを張りやすく、売上や利益など業績についてもストレスなく必要な情報をつかむことができます。「面白い」と思えることが継続のエネルギーになり、長く続けることで様々な経済環境を経て投資経験が積み上がっていきます。

どのような銘柄を推し株として選ぶかは、じつは選ぶ皆さん自身を表現しています。例えば、環境に関心のあるAさんの推し活はトランザクション（7818）です。環境に配慮した「素材」や、使いやすく便利な「機能」にこだわった製品の開発、販売をおこなっています。エコバッグを持ち運ぶことは日常化していますが、使用後に折り畳むのが面倒、きれいにたためないといった声に応えて機能性を重視したバッグが次々提供されています。次はどんなエシカル製品が開発されるのか楽しみにしながら、環境に配慮した暮らしを応援することができます。

推し株のもつ意味

じつは、もっている株式でその人の好きなもの、大切にしているものがわかってしまいます。

株式投資は、自己表現をしたり、ライフスタイルを豊かにすることができます。

どのような株式に投資するかは、好きの表現だったり、応援の気持ちだったり、期待の気持ちだったり、つまり自己表現のひとつなのです。

〈例〉

- 私の推し株は、ダイキン工業（6367）といえば、「心地よい住空間、空気を大切にしている」
- 私の推し株は、LITALICO（7366）といえば、「一人ひとりの個性を引き出し将来を担う子どもたちの成長を願っている」
- 私の推し株は、トランザクション（7818）といえば、「環境に配慮した生活を大切にしている」

〈参考〉

トランザクションは、脱プラスチックなどの環境関連銘柄。脱プラスチックを追い風に成長している。

デザイン雑貨などの企画販売を手がける企業。海外の協力生産工場に製造を委託し、エコバッグ、タンブラーなどの独自の商品開発力をもつ。

ペットやトラベル関連製品、海外ブランドの輸入総代理店も手がける。

株主優待は、500株以上保有の株主に対し年2回実施。2024年2月は防災グッズとして役立つ“モバイルバッテリー 10000mAh”。

推し株ユニットで資産も楽しみも増やす

推し株5銘柄で優待をセットに「暮らし豊かに」をテーマに銘柄探しをしてみると楽しくなります。株主優待を受け取る株主の立場としては、出資している企業の製品やサービスに触れることでさらに愛着が湧きますし、優待品の利用は、株主としての品質確認という意味もあります。

ヤーマン（6630）の美顔器でお手入れした後は、「バルニバービ（3418）」が運営するグッドモーニングCaféでランチ。メニコン（7780）の割引券でコンタクトレンズ用ケア用品を入手したら明日のゴルフに備えて早々に家路へ。藤倉コンポジット（5121）の優待でシャフトを変えたゴルフクラブを眺めながらアサヒグループホールディングス（2502）の冷えたアサヒ生ビールで喉《のど》を潤《うるお》します。

というように、自分の心を豊かにする企業の優待を活用して暮らしに取り入れてみてはいかがでしょう。業種を分けて、暮らしの様々な場面で利用できるように組み合わせると、生活全般を優待品で満たすこともできます。オリジナルな推し株5銘柄セットがその人の暮らし方や価値観により何パターンもできるでしょう。その推し株5銘柄セットを選んだストーリーを友人とシェアすると、自分は興味がなかった企業を知ることができ視野が広がります。

自分の予算に合わせて5銘柄50万円ユニットなど銘柄を組み合わせるとよいでしょう。

ユニットのつくり方の例

<table>
<tr><th>企業名（銘柄）
コード</th><th>株価（円）
（2月9日）</th><th>配当金（円）
来期予想</th><th>予想配当利回り
（％）</th><th>優待権利確定月
（月）</th></tr>
<tr><td rowspan="2">アサヒグループホールディングス
2502
〈年間優待品〉</td><td>5,551.0</td><td>115</td><td>2.07</td><td>12月</td></tr>
<tr><td colspan="4">グループ会社商品等。100株以上保有で1,000円相当。500株以上保有で2,000円相当。1,000株以上保有で3,000円相当。※株主特製ビール、酒類詰合せ、飲料・食品詰合せより1点選択。※優待品に代えて環境基金・東日本大震災支援活動への寄付選択が可能。</td></tr>
<tr><td rowspan="2">バルニバービ
3418
〈年間優待品〉</td><td>1,260.0</td><td>7.5</td><td>0.60</td><td>7月</td></tr>
<tr><td colspan="4">食事券、ECサイト割引券、オリジナル商品から選択。保有株式数により対象店舗で利用可能な電子チケット。選択例：100株以上保有で食事券500円×6枚、ECカード3,000円×1,オリジナル商品3,000円×1。</td></tr>
<tr><td rowspan="2">藤倉コンポジット
5121
〈年間優待品〉</td><td>1,407.0</td><td>70</td><td>4.98</td><td>3月・9月</td></tr>
<tr><td colspan="4">100株以上保有で、グループ会社指定のアウトドア用品を優待価格で通信販売。優待割引券2枚。（ゴルフクラブリシャフト40％割引）
※優待割引券はグループ会社（東京、大阪、名古屋）での買物1回につき1枚利用可能。
〈3月のみ〉500株以上保有で、ゴルフクラブリシャフト代1本または靴1足無料券。
※無料券は自社子会社店舗等で利用可。
（25年以降は3年ごとに24年3月以降起算して、500株以上を3年以上継続保有した株主のみに贈呈に変更）</td></tr>
<tr><td rowspan="2">ヤーマン
6630
〈年間優待品〉</td><td>1,014.0</td><td>8.5</td><td>0.84</td><td>4月</td></tr>
<tr><td colspan="4">買い物券。100株以上保有で5,000円相当。500株以上保有で14,000円相当。
※自社オンラインストアで利用可能。
1年以上2年未満継続保有の場合、100株以上500株未満の株主には7,000円相当、500株以上は17,000円相当。2年以上5年未満の場合、100株以上500株未満は10,000円相当、500株以上は20,000円相当。5年以上の場合、100株以上500株未満は13,000円相当、500株以上は23,000円相当。</td></tr>
<tr><td rowspan="2">メニコン
7780
〈年間優待品〉</td><td>2,148.5</td><td>25</td><td>1.16</td><td>3月</td></tr>
<tr><td colspan="4">100株以上保有で、自社商品等。※自社商品等は8,000円相当の自社商品券・コンタクトレンズケア用品・サプリメント等10点より1点選択可能。
※入会時特典も別途あり。</td></tr>
</table>

・優待権利確定月：株主優待の権利を取得する月。権利確定日の2営業日前（権利付最終売買日）の時点で、株式を保有していると優待や配当金を取得できます。
・四季報オンライン（2024年2月）より。

身近なモノやサービスが評価できる企業を探す

投資では「遠くのものは避けよ」といわれるように、私たちの暮らしに身近な生活必需品の企業を投資先として押さえておくのも一案です。生活必需品といえば、食品や医薬品、インフラである電力・ガス、鉄道、通信などの企業が該当します。物価が上昇する中、給与が増えなくても生活に必要なものは買うことになります。そのため景気の状況により企業の業績には大きな変動は生じにくいと考えられます。

このように景気動向に業績が左右されにくい銘柄のことをディフェンシブ（保守的）銘柄といいます。中でもトイレタリーの洗剤、歯ブラシ、芳香剤、紙おむつ、生理用品などの生活必需品は、2020年からのコロナ禍でもほぼ利益率が変わりませんでした。

日用品で最大手の花王（4452）は、トイレタリー国内首位、化粧品も大手です。消毒液などの衛生関連も好調で、独自の物流・販社システムを所有していることも特徴です。連続増配も維持しています。皆さんのご家庭にありそうなトイレタリーを中心とした生活必需品のメーカー群は、いずれも国内では誰もが知る商品を展開し、連続増配の実績があり業績予想も堅調です。

このようなディフェンシブ銘柄で「連続増配のある優良企業」への投資は、景気の影響を受けにくく株価下落時にも強いと考えられます。

景気の影響を受けにくい株

私たちの暮らしに身近な生活必需品の企業の一例を見てみましょう。皆さんのご自宅にもどれか常備しているという商品があるのではないでしょうか。

企業名（銘柄） コード	株価（円） （2月9日）	配当金（円） 来期予想	予想配当利回り （%）	決算 （月）
花王 4452	5,626.0	152	2.70	12月
	トイレタリー国内首位。化粧品も大手。消毒液などの衛生関連も展開。独自の物流・販社システムを所有する。			
ライオン 4912	1,276.5	27	2.12	12月
	オーラルケア、歯ブラシ国内首位、トイレタリー3位。『バファリン』などの薬品や工業用品も展開。			
エステー 4951	1,537.0	42	2.73	3月
	衣類防虫剤1位。家庭用消臭芳香剤2位。『消臭力』『デオックス』などが看板製品。			
小林製薬 4967	6,202.0	98	1.58	12月
	芳香消臭剤首位。『消臭元』『熱さまシート』など製造販売。医薬品も充実。健康食品の開発も注目される。			
ユニ・チャーム 8113	5,069.0	42	0.83	12月
	生理用品、乳幼児・大人用紙おむつ、ペットケア用品首位。中国を中心にアジアへの展開に強みをもつ。			

・四季報オンライン（2024年2月）より。

プロクター＆ギャンブル（P＆G／米国）とジョンソン＆ジョンソン（JNJ／米国）は、20年以上増配を継続し、かつ高配当利回りである企業として米国高配当株式ETF（SPDR® S&P® 米国高配当株式ETF）に組み入れられています。

海外企業への投資は、投資信託やETFを通じて投資をしてもよいでしょう。

20年以上連続増配を継続する企業は、業績に自信があると見込め株価の値上がりも期待することができます。

社員の平均年齢に注目して有望企業を選ぶ

これから50年、100年先まで存続する企業はどのような企業でしょうか。しっかりした財務基盤はもちろんですが、生み出される製品やサービスの品質の高さ、新しい発想などが投資家から支持される要素になります。技術が日進月歩で進化する時代に、変化に対応し、柔軟な発想により将来の成長が期待できる企業にはどのような特徴があるでしょうか。それを表すひとつの視点として、企業に勤める社員の平均年齢に着目してみましょう。

平均年齢は、その企業の活力や将来性を見る指標として有効なのです。新しい文化をつくる若い力のある企業と見ることができます。情報通信、小売サービスなどの業種は、従業員の平均年齢が20代などと若い傾向があります。社員の平均年齢が若い企業は、新卒採用を積極的におこなっており、創業から年数が経っておらず伸び盛りであることも見受けられます。

社員の平均年齢が若く、借金に頼り過ぎず自己資本比率が高く財務の健全性があり、かつ利益が伸びている企業を任意で選定してみました。社員の平均年齢が20代の企業の多くが東証グロース市場に上場しており、創業から年数が経っていない企業も含まれます。このような企業は、事業の発展のための資金を優先して使う傾向があります。そのため、配当などの株主還元は期待できない面があることも踏まえておきましょう。

社員の平均年齢が若い企業

証券コード	企業名	市場	業種	平均年齢（歳）	予想ROE（%）	自己資本比率（%）
3496	アズーム	東G	不動産	27.5	45.4	64.10
4413	ボードルア	東G	情報・通信	27.8	26.4	68.40
5125	ファインズ	東G	情報・通信	28.4	14.7	76.60
5129	FIXER	東G	情報・通信	28.4	10.5	80.10
6036	KeePer技研	東P 名P	サービス	26.7	42.7	74.90
7370	Enjin	東G	サービス	26.7	16.3	83.30
7685	BuySell Technologies	東G	卸売	28.3	16.0	42.70
9246	プロジェクトホールディングス	東G	サービス	27.8	13.7	59.50
9337	トリドリ	東G	サービス	27.6	8.4	40.90

2024年2月22日時点
東P：東証プライム市場
東G：東証グロース市場
名P：名古屋プレミア市場

“出来事”から連想力を働かせて考える

株式投資をすると磨かれるスキルがあります。それは連想力です。逆にいえば、株式投資に必要なスキルが連想力ともいえます。株式投資では、好材料が出てある銘柄が買われ株価が上昇すると、その企業に関連する他の企業にも買いが入り、連鎖して株価上昇につながることがあります。あるいは、そう連想する人が増えて上昇を見越して買われるのです。注目される企業の同業他社との比較や、その企業の仕入先や取引先などを調べてみます。

ある出来事によって、思わぬところに影響が出ることもあり得ます。出来事に対する見方は、消費者の立場と投資家の立場では視点が若干異なることがあります。例えば、「モノやサービスの値段を上げる」という企業の発表を受けると、消費者の立場からは「値上げか、お財布事情が厳しくなるな」と思います。一方、投資家にとって、値上げは企業の売上・利益の伸びが期待できる好材料。企業がリストラを発表した際も同様です。一般の生活者の立場からすると失業者が増えるのか、不景気なのかと不安な気持ちになりますが、投資家は、この企業は大規模な経費削減を図り今後の利益創出に期待できると考えます。期待を寄せる人が増えると株価は上昇します。

株価が上昇する銘柄の周辺に連想力を働かせながら調べ、他の投資家より先回りして買うチャンスを探っていきましょう。

連想の一例

〈例〉仕入先、取引先、販売先や同業他社の動きも探ってみる。

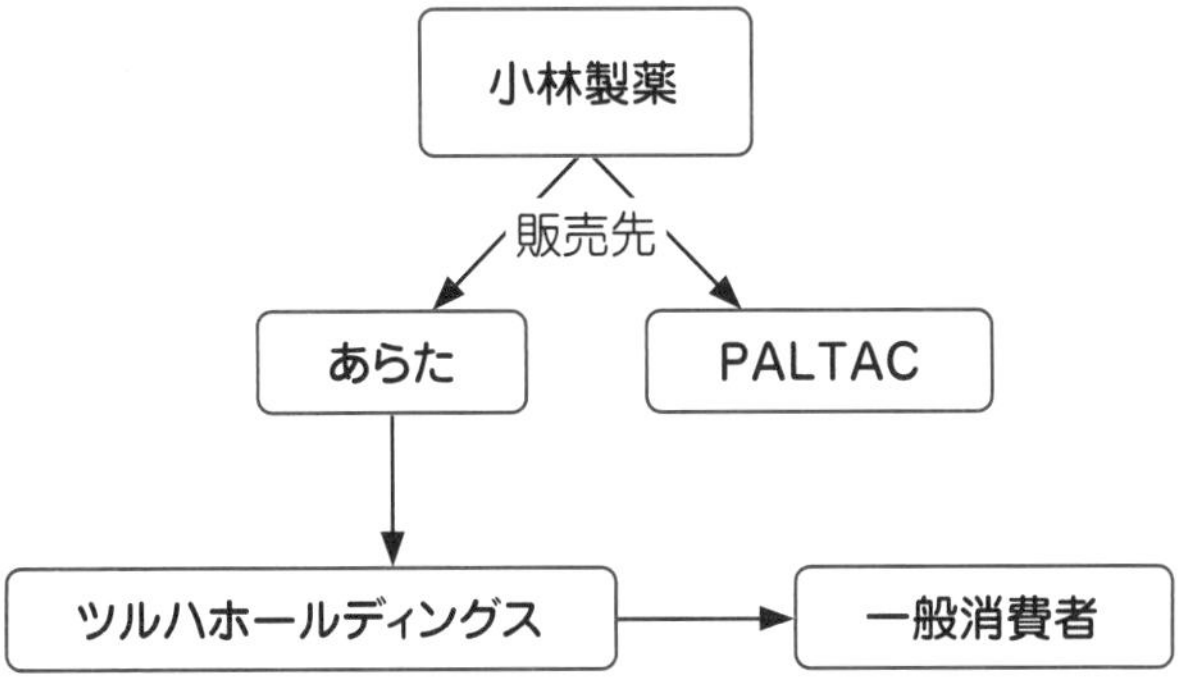

〈例〉リストラ
メタ・プラットフォームズ（米国）の大幅人員削減の発表後の株価の推移
成長期待が薄れる中、コスト削減が進み利益成長へと期待した投資家の動向がうかがえる。

2022年11月9日、全社員の約13%に当たる1万1000人超を削減すると発表。大規模な人員削減を実施するのは2004年の会社設立後初めてでした。2023年3月14日、約1万人の社員を追加削減すると発表。

メタ・プラットフォームズ株価の推移

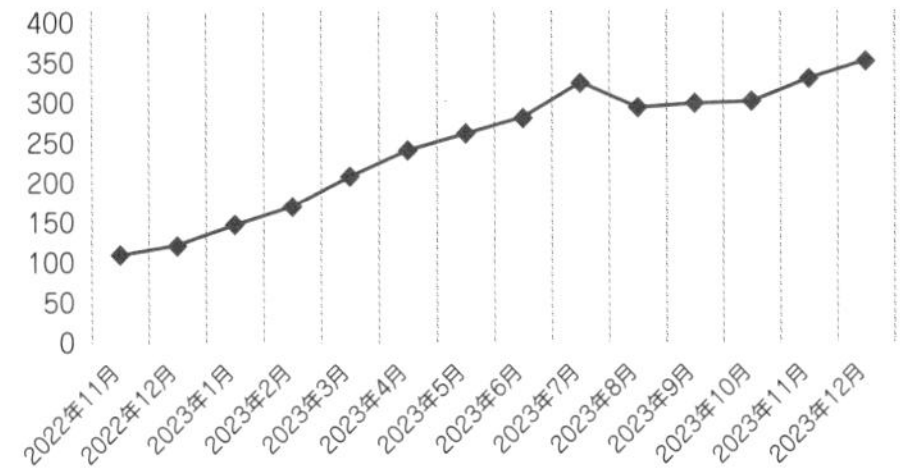

観光立国・日本の意外な注目分野とは

今や来訪する多くの外国人により日本の経済は支えられています。23年12月の訪日外客数は、19年同月比108・2％となる273万人となり、コロナ禍以降で最多を更新しました。なお、12月までの累計では2500万人を突破。（※1）訪日外国人一人当たりの旅行支出は21・1万円、うち、宿泊費が34・6％と最も多く、次いで買物代（26・4％）、飲食費（22・6％）（※2）となっています。消費は外食、宿泊などがインバウンド関連の中心となりますが、和文化や四季を巡る観光などの「コトを体験する」消費も見逃せません。インバウンドの関心を集め対応に力を入れている企業を幅広い業種から探ってみましょう。

訪日観光客の集客力が強い三越伊勢丹ホールディングス（3099）は、都心店では高額品を軸に外商も順調な推移に加え、訪日客消費は勢いを増しています。10％割引のお買物券の株主優待も魅力です。羽田空港国内・国際ターミナルビルの家主である日本空港ビルデング（9706）は、2020年からのコロナ禍による旅客利用者数激減で21年3月期～23年3月期は連続営業赤字でしたが、今後は営業益増勢、大幅増配などが期待されます。人の往来が活発になると航空関係も見逃せません。また、雪が珍しいという外国人観光客など雪目的の訪日外国人の獲得を狙う日本スキー場開発（6040）も収益確保が期待されます。

（※1）日本政府観光局「年別訪日外客数、出国日本人数の推移」2024年1月17日
（※2）国土交通省観光庁「訪日外国人の消費動向」2024年1月17日発表

観光立国ならではの銘柄の見方

〈訪日外国人の旅行消費額〉訪日外国人旅行消費額の構成比は、宿泊費が34.6%と最も多く、次いで買物代（26.4%）、飲食費（22.6%）の順で多い。

円安が進めば、日本の物価のお得感が増し、さらに消費額の増加が期待されるでしょう。インバウンド消費は爆買いから体験型のコト消費へと変化し始めており、新たな関連企業の登場や、日本全国の人の往来が増えるため、移動手段である鉄道・陸運業にも波及効果があります。

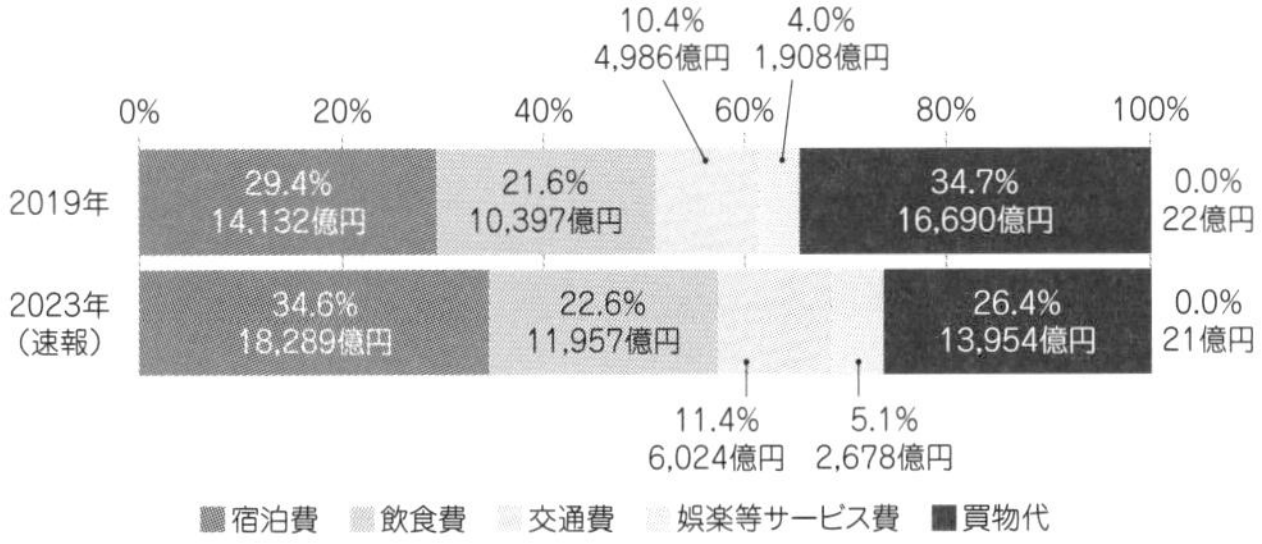

（出所）国土交通省観光庁「訪日外国人の消費動向」2024年1月17日速報

訪日外国人の消費動向に関連する企業例

証券コード	企業名	実績ROE（%）	予想ROE（%）	予想ROA（%）
2222	寿スピリッツ	29.9	33.7	25.3
2659	サンエー	5.8	7.6	5.7
2670	エービーシーマート	10.2	10.9	9.5
2730	エディオン	5.7	5.5	3.1
3048	ビックカメラ	2.2	5.7	1.7
3088	マツキヨココカラ&カンパニー	8.6	9.8	6.9
3099	三越伊勢丹ホールディングス	6.1	6.5	3.0
6040	日本スキー場開発	18.3	17.8	13.1
6561	HANATOUR JAPAN	−69.1	76.2	11.8
8202	ラオックスホールディングス	0.3	11.3	5.9
9202	ANAホールディングス	10.8	10.1	2.8
9706	日本空港ビルデング	-2.6	10.6	3.7
9708	帝国ホテル	5.00	7.0	4.7

2024年2月22日時点。東証プライム市場上場企業から任意で選定。

1人当たりの売上高から優良銘柄を探す

優良企業というと、知名度の高い大企業を思い浮かべる方が多いかもしれません。有名企業というだけで安心感があるかもしれませんが、売上を効率的に上げている企業から稼ぐ企業を探ることもできるのです。

上場企業の中には、例えばトヨタ自動車や日立製作所などのように従業員30万人を超える大所帯の企業もあれば、300人未満のベンチャー企業もあります。大企業に勝るとも劣らない経営効率のよい企業を従業員の数を手がかりに探してみると、隠れた優良企業が見つかることがあります。具体的には、売上高や本業から得る利益を従業員数で割り、その企業の経営効率を測るという方法です。企業の営業力や収益性、効率性の目安になると考えられます。

例えば、トヨタ自動車の場合、売上高44兆円÷従業員数38万1576名で算出され約1億を超える金額が1人当たりの売上高です。気になる企業の従業員数と売上高や営業利益の関係をチェックし、大企業と比較してみましょう。誰もが知る人気企業ではなくとも、経営効率のよい優良と呼べる企業が見つかるでしょう。

1人当たりの売上高が高い企業は、経済情勢が厳しい時期でもリストラをせず、「人」という財産を保てるという見方もできます。

1人当たり売上高を1億円以上稼ぐ会社の一例

$$\frac{\text{売上高}}{\text{従業員数}} = \text{1人当たりの売上高}$$

1人当たりの売上高は、人員の効率性を測る指標

ダイキン工業	売上高	4兆2,400億円
	従業員数	9万6337名
	1人当たり売上高	約4,401万円
トヨタ自動車	売上高	44兆円
	従業員数	38万1576名
	1人当たり売上高	約1億1,531万円

売上高は2024年3月予想値　　データは2024年1集新春号四季報より

隠れた優良企業を1人当たり売上高で見てみる

企業名（銘柄）コード	業種	1人当たり売上（万円）	従業員数（人）	平均年収（万円）
あらた 2733	卸売業	3億2,664	2,939	567
セリア 2782	小売業	3億8,327	574	562
地主 3252	不動産	5億5,208	96	1,697
三菱食品 7451	卸売業	4億1,969	4,956	691
ワークマン 7564	小売業	3億5,729	377	732
ユアサ・フナショク 8006	卸売業	3億7,537	333	466

• 1人当たりの売上高は、末期売上高、従業員数より筆者が算出（2024年2月）

意外な〝世界シェア首位〟に注目してみよう

かつて日本は「ものづくりの日本」といわれ、優れた技術力で魅力にあふれる製品が数多く開発されていました。それが今やスマホや音楽プレーヤーも日本勢は少なくなってしまいました。これからの日本企業に大きな成長を期待するのは難しいのでしょうか。いいえ、そんなことはありません。

世界シェア首位の製品や高い技術をもつ日本企業は数多くあり、世界から評価されています。特徴ある技術や製品で高い世界シェアを占め、海外向けに市場シェアを強める企業を見てみると、先端技術で実績を積んできた「老舗」や「M&A」という強みも発揮する存在感のある企業があります。例えば、ガイシ世界一の企業である日本ガイシ（5333）〈ガラス・土石製品〉。

ガイシとは電柱や鉄塔で使われる絶縁体です。スマホのようにみんなが肌身離さずもつものではありませんが、私たちの暮らしを支える必要不可欠なものです。日本ガイシはガイシの専業メーカーとして1919年に設立され、独自の技術で送電線を支え、世界最高強度をもつ送電用ガイシ、世界最大級の変電用ガイシを用いたブッシングなどを開発し生産しています。生産能力でも世界最大を誇り、100か国以上において安全で確実な電力供給を支えています。将来の日本に期待がもてる「世界シェア」を誇る企業に注目していきましょう。

「世界一」の企業例

世界シェア首位を誇る企業は、長い歴史を経て先端技術の開発を駆使しながら進化を続けてきています。その実績に裏付けられた信頼感があります。ただ、様々な経済環境により状況は変化するため、長期的な視点で株式の成長を見守っていく必要はあります。

企業名（銘柄） コード	株価（円） （2月9日）	配当金（円） 来期予想	予想配当利回り （%）	決算 （月）
大阪有機化学工業 4187 1946年設立	2,971.0	56	1.88	11月
	アクリル酸エステルを主要製品とする。半導体材料モノマーで世界シェア首位。			
日本ガイシ 5333 1919年設立	1,881.5	50	2.66	3月
	ガイシ世界一。			
ダイキン工業 6367 1934年創立	21,425.0	250	1.17	3月
	エアコン世界首位。			
ミネベアミツミ 6479 1951年設立	2,956.5	40	1.35	3月
	極小ベアリングで世界シェア6割。			
オリンパス 7733 1919年設立	2,188.0	18	0.82	3月
	消化器内視鏡で世界シェア7割。			

・四季報オンライン（2024年2月）より。

長期的な視点で株式の成長を見守っていく必要はあります。

世界シェアトップの企業は、人口が増加している地域を含め、世界シェア上位の売上が反映されるため業績の伸び代がより大きいといえます。

新しい潮流、ライフスタイルを変えるテクノロジーに注目

モノを所有する時代は終わりました。２章のシェアリングエコノミーでも触れたように、場所やモノのシェアだけでなく、自分でも気づかなかった得意なことや経験が、誰かのために役立ち価値として交換できるようになりました。

この大変化の中で、クルマも所有からシェアの時代に舵をきっています。単一の交通サービスだけでなく、鉄道やバス、レンタカーやタクシーなどの交通サービスに加え、カーシェアリングや自転車シェアリングなどすべてを統合し、スマホで検索・予約・決済するサービスMaaSです。利用者は効率的な移動ができ利便性も上がります。国土交通省によると、今後、MaaSの市場規模は急速に拡大していくと考えられています。自動運転が実用化されることも踏まえると様々な産業にかかわるため波及効果は大きくなります。

モビリティ分野の新たな動きとして注目されているのは「空飛ぶクルマ」です。世界各国で開発が進んでおり、国内でも走行空間や制度整備の課題はあるものの、都市部での送迎サービス、離島や山間部の新たな移動手段などにつながるものと期待されています。今後「空飛ぶクルマ」は、全世界的に普及していくことが予測され、２０４０年までに、その市場規模は約１６０兆円規模になると考えられています（国土交通省白書による）。

MaaS関連の企業例

証券コード	企業名	市場	業種	決算月
2432	ディー・エヌ・エー	東証P	サービス	3月
3626	TIS	東証P	情報・通信	3月
3655	ブレインパッド	東証P	情報・通信	6月
3710	ジョルダン	東証S	情報・通信	9月
6902	デンソー	東証P	輸送用機器	3月
6981	村田製作所	東証P	電気機器	3月
7203	トヨタ自動車	東証P	輸送用機器	3月
6976	太陽誘電	東証P	電気機器	3月
6701	NEC	東証P	電気機器	3月
9719	SCSK	東証P	情報・通信	3月
9749	富士ソフト	東証P	情報・通信	12月
9984	ソフトバンクグループ	東証P	情報・通信	3月
9007	小田急電鉄	東証P	陸運	3月
9020	東日本旅客鉄道	東証P	陸運	3月

東証Pは東証プライム市場、東証Sは東証スタンダード市場上場企業。

未来に積極的に投資する「攻めの企業」の探し方

将来に期待するといっても、何を手がかりにしたらよいでしょう。将来の飛躍が期待できる企業の見つけ方のひとつは、今後の業績の向上につながる設備投資費や研究開発費をどれくらいかけているかです。設備投資費や研究開発費の実績ならびに今後の計画額を確認することで、企業の将来への姿勢が見えてきます。

上場企業の多くは2年から5年の中期経営計画を公表し、成長シナリオを示しています。海外売上の展望、株主への還元策、ＲＯＥ（自己資本利益率）や財務目標などが記載されています。会社四季報を参考にすると、中期経営計画の中から中長期的な業績や経営において注目される内容をまとめられていることがあります。そこから、収益目標や海外展開、買収計画、設備投資を拡大するなど、将来への積極的な姿勢や企業の成長力を予測することができます。

新しい製品や開発には、設備研究開発への投資が必要になります。そこで「設備投資額増加率ランキング」や「研究開発費増加率ランキング」を参考にしてみるとよいでしょう。強気な攻めの姿勢を見せる企業にフォーカスし、明るい未来へ期待してみてはいかがでしょうか。ただし、巨額投資をおこなったにもかかわらず製品やサービスが普及せずに経営が危ぶまれる企業もあるため、投資額を回収できるかどうかも重要な視点です。

設備投資の積極性の見方

設備投資額の今期実績額と来期予想額を比較して、増えている企業を見てみましょう。

業績が足元で低迷していても、積極的に設備投資をおこなう企業は、将来の利益を生み出す意気込みがあると見ることができます。
製造業などについては、現状の設備を維持するだけで継続的な投資が必要になります。

設備投資額を増やしている企業

証券コード	企業名	株価（円）2月9日	配当金来期予想（円）	予想配当利回り（%）	業種	増加率（%）	今期設備投資額（百万円）	来期予想設備投資額（百万円）
6490	日本ピラー工業	4,560.0	110	2.41	機械	785.2	1,751	15,500
4187	大阪有機化学工業	2,971.0	56	1.88	化学	744.3	1,169	9,870
6104	芝浦機械	3,435.0	140	4.08	機械	705.6	2,160	17,400
9304	澁澤倉庫	3,080.0	95	3.08	倉庫・運輸関連	475.4	1,307	7,520
6677	エスケーエレクトロニクス	4,030.0	167	4.14	電気機器	462.0	1,121	6,300
3421	稲葉製作所	1,502.0	32	2.13	金属製品	370.5	1,018	4,790
4404	ミヨシ油脂	1,316.0	40	3.04	食料品	359.2	1,178	5,409
9310	日本トランスシティ	610.0	12	1.97	倉庫・運輸関連	327.6	4,417	18,888
8179	ロイヤルホールディングス	2,536.0	20	0.79	小売業	288.4	2,132	8,280
9305	ヤマタネ	2,442.0	57	2.33	卸売業	263.0	2,653	9,630

2024年2月時点

倉庫・運輸関連業は、物流輸送技術の研究やロボット活用の物流システム構築などの設備投資が各社で見受けられます。

注目される人的資本経営から優良株を探す

人材は最も重要な財産です。人材をコストではなく「価値」を生み出す資本と捉える「人的資本」が注目されています。２０２３年３月期決算から、上場企業を対象として、人材育成や社内環境整備の方針など、人的資本に関する情報の開示が義務化されました。企業が人的資本へどれほど力を入れているか、企業の経営姿勢を知る指標になると考えられます。

人的資本への投資に前向きな企業は、社員のモチベーションや労働の生産性を向上させ、長期的には企業価値が向上すると期待されることから今後も一層注目されそうです。

人的資本が注目される中、銘柄探しにはダイバーシティに積極的な企業といえる「なでしこ銘柄」に目をむけてみました。経済産業省は東京証券取引所と共同で、２０１２年度から女性活躍推進に優れた上場企業を応募企業の中から「なでしこ銘柄」を選定しています。

「なでしこ銘柄」には、女性活躍度調査の調査票を提出することで応募することができ、２０２２年度は３１２社から15社が選定されました。自社の経営戦略の中で、女性活躍推進をどう位置付け、その取組みの成果をどのように企業価値の向上につなげているかに着目して「なでしこ銘柄」を選定したとされています。令和5年3月公表の「なでしこ銘柄レポート」によれば「なでしこ銘柄」は業績面（売上高営業利益は9・3％、配当利回りは4・6％）でも優れています。

人を大切にする企業

人的資本の開示項目には、「他社と比較可能な指標」と「自社固有の戦略に沿った独自指標」のふたつの観点があります。

人的資本の開示項目			
他社と比較可能な指標		独自指標	
• 投資家が企業間の比較をする。 • 業種を問わず様々な企業を並列して比較できるような情報開示。		• 企業には固有の経営戦略やビジネスモデルがあり、それに沿った人的資本への投資を評価する。	
例	• 女性役員・女性管理職比率 • 男性正社員の育児休業取得率 • 賃金の公平性など	例	• 研修やスキル向上のプログラム • リーダーシップ育成など

なでしこ銘柄定量データ一覧（令和4年なでしこ銘柄回答企業一覧）では、各企業から提出された調査票のデータが開示されており、女性管理職比率や男性正社員の育児休業取得率などが把握できます。「なでしこ銘柄」を含む女性活躍推進に積極的な312社について、人的資本を大切にした経営をおこなう企業として、今後の成果をフォローしていきましょう。


〈なでしこ銘柄〉

2023年3月期以降、有価証券報告書に「人的資本」の記載が義務付けられました。女性活躍推進に積極的な企業は人的資本経営の面で注目されそうです。

（経済産業省「令和4年なでしこ銘柄レポート」令和5年3月）

	業種	「なでしこ銘柄」選定企業
1	食品	味の素株式会社
2	エネルギー資源	出光興産株式会社
3	建設・資材	株式会社LIXIL
4	素材・化学	株式会社資生堂
5	医薬品	大塚ホールディングス株式会社
6	自動車・輸送機	株式会社アイシン
7	鉄鋼・非鉄	古河電気工業株式会社
8	機械	株式会社小松製作所
9	情報・通信・サービスその他	株式会社メンバーズ
10	電気・ガス	東京瓦斯株式会社
11	運輸・物流	株式会社商船三井
12	商社・卸売業	双日株式会社
13	小売業	株式会社丸井グループ
14	金融（除く銀行）	SOMPOホールディングス株式会社
15	不動産	三井不動産株式会社

ＳＤＧｓへの取り組みは重要な評価のひとつ

ＳＤＧｓは、私たちがこれまでのペースで消費を続けていくと、１００年先にはこの地球に住めなくなってしまうという危機感から、国際連合が世界にむけて呼びかけてつくられたものです。世界が抱える様々な問題を解決し、地球の資源を守りながら消費活動をしていこうという世界共通の目標です。ＳＤＧｓの考え方の核には、地球上の誰ひとりとして取り残さないという強い願いがあります。２０３０年までに達成すべき17のゴールが設定されています。飢餓、貧困、環境問題、経済成長、ジェンダー平等などの課題が含まれています。

日本のＳＤＧｓはどう評価されているのでしょう。世界の国々のＳＤＧｓ進捗《しんちょく》状況を評価する「ＳＤＧｓインデックス＆ダッシュボード」（２０２３年）によれば、日本は１６６か国中21位でした。２０１７年の11位から年々順位は下がっています。日本が高評価を受けているのは、「教育」「産業・イノベーション・インフラ」です。

企業は業績面だけではなく、地球環境や社会環境のことを考慮し、ＳＤＧｓに貢献しているかが評価の基準として重要な指標になっています。企業は、ＳＤＧｓに積極的に取り組み企業価値を高めることで、多くの人からの支持を集めることができます。住みやすい地球を次世代へ残すべく、行動をしている企業は、１００年先まで生き残れる企業と見ることができるでしょう。

企業の姿勢が問われるSDGs

「持続可能な開発目標(Sustainable Development Goals)」の略称

SDGｓには全部で17のゴールが設定されています。
飢餓・貧困・環境問題・経済成長・ジェンダー平等など。
17のゴールは以下の5つのPが基本と考えられています。
このゴールに、さらに具体的な169個のターゲットが設定されています。

日本は、「教育」「産業・イノベーション・インフラ」では高評価。
「ジェンダー平等」「つくる責任、使う責任」「気候変動」「海洋生態系」「陸上生態系」は低評価

「SDGsインデックス&ダッシュボード」2023年

1	**貧しさを解決して誰もが健康になる**	**People（人間）**
	あらゆる人々が活躍する社会・ジェンダー平等の実現 健康・長寿の達成	
2	**自然と共存して環境を守る**	**Planet（地球）**
	省・再生可能エネルギー、防災・気候変動対策、循環型社会 生物多様性、森林、海洋等の環境の保全	
3	**経済的に豊かで安心な暮らし**	**Prosperity（繁栄）**
	成長市場の創出、地域活性化、科学技術イノベーション 持続可能で強靭な国土と質の高いインフラの整備	
4	**平和と公正をすべての人に**	**Peace（平和）**
	平和と安全・安心社会の実現	
5	**お互いに協力して成し遂げる**	**Partnership（協調）**
	SDGs 実施推進の体制と手段	

SDGs アクションプラン2023～ SDGs 達成に向け、未来を切り拓く ～より

SDGsに取り組む企業にはどんな企業があるか？

企業のSDGsの取り組みは、具体的にはどのようなことを実行しているのでしょうか。

多くの企業でCO_2の排出量削減、プラスチックを使用した容器包材の削減などを実施していることは、提供される商品を手に取ることでもわかります。味の素は、プラスチック廃棄物の削減として、2023年の春に商品のスティック品種の包材を紙に変更しています。この改定によるプラスチック使用料の削減は32トンにもなるといわれます。ミズノは、シューズ1足がもたらす環境への影響を把握し、CO_2排出量を減らすための適切な素材・生産工程の選定をおこなっています。1足につき2本の植林をおこない環境保護に貢献しています。

NECでは、アフリカ大陸のモザンビーク共和国で、紛争の影響を受けている女性と女児のために、テクノロジーを活用する支援をしています。「ジェンダー平等と女性の能力開花」のための国連機関UN Womenと連携して、電子マネーサービスによる女性が必要としている物資の支援をおこなっています。

パナソニックホールディングスは、無電化地域の未来を照らすプロジェクトをおこなっています。アジアの地域において、電気を活用した地場産業のモデルづくり、夜間授業などで照明を活用した進学率の向上をめざす取り組みなど、貧困のない社会づくりに貢献しています。

SDGsへの取り組み方の一例

SDGsへの取り組みの一例

パナソニック ホールディングス(6752)
日本の生活に電気を普及させたパナソニックの創業者
松下幸之助氏の名言

「夜が暗いと、子どもが勉強できへんやろ。
あんたが磨いてるんは電球やない！
子どもの夢を磨いてるんや」

「LIGHT UP THE FUTURE」は、ソーラーランタン10万台プロジェクトを受け継ぎ、パナソニックの再生可能エネルギーによるあかりを、NGO／NPOや国際機関など様々なパートナーと連携して無電化地域に届けています。
貧困のない持続可能な社会づくりに貢献

- 企業のホームページやアニュアルレポートなどに、各社が注力しているSDGs活動について記載があります。
- 内容が具体的で数値を表示している活動について開示している企業と、目標を掲げていても具体性が伝わってこない企業もあります。
- 自分が共鳴できるSDGsの活動をおこなっている企業に投資をすることで、持続的な地球環境に貢献することができます。

ＮＩＳＡでは不可だが保有株で稼ぐ方法

株式投資で株式を保有している間、株式を証券会社に貸して、その代わりに金利を受け取れる「貸株サービス」があります。ＮＩＳＡではこのサービスを利用することはできませんが、内容は知っておいても損はないでしょう。

貸株金利は銘柄ごとに証券会社が定め、証券会社により取り扱う銘柄も異なります。金利は高いものだと８％以上の銘柄もありますが、証券会社により差があります。仮に１００万円相当の株式を貸して１年間で受け取れる金利が４％の場合、１００万円×４％で４万円の金利収入が得られることになります（税金は考慮していません）。

事前に、権利確定日前に貸株を解除することで、株主優待と配当金の両方を受け取れる設定をしておきます。すると貸株金利を受け取りながら、権利確定日には株式の保有者になっているので、株主優待をもらい、配当金も受け取れるようになります。

優待権利取得について、１年以上の継続保有、または3年以上保有の株主には優待の内容を充実させるなどの長期・継続保有の条件を付けている株主優待があります。その場合は、株式を貸し出すことで、長期保有の条件には該当しなくなることもあるため注意が必要です。

貸株サービスを利用する場合の留意点

「優待優先」「配当・優待優先」に設定されている場合、「株主権利自動取得サービス」が適用されます。

株主優待の権利取得は、権利確定日における株式の保有だけでなく、保有期間、保有株数等の条件がついている場合があります。
「株主権利自動取得設定サービス」は、必ずしも株主優待の条件に対応していない場合があります。

保有期間に応じた株主優待の対象とならない可能性があるため注意が必要です。
金利優先、株主優待優先、株主優待と配当優先など好みに合わせてコースを選べますが、証券会社ごとに取り扱いは異なります。

イメージ図

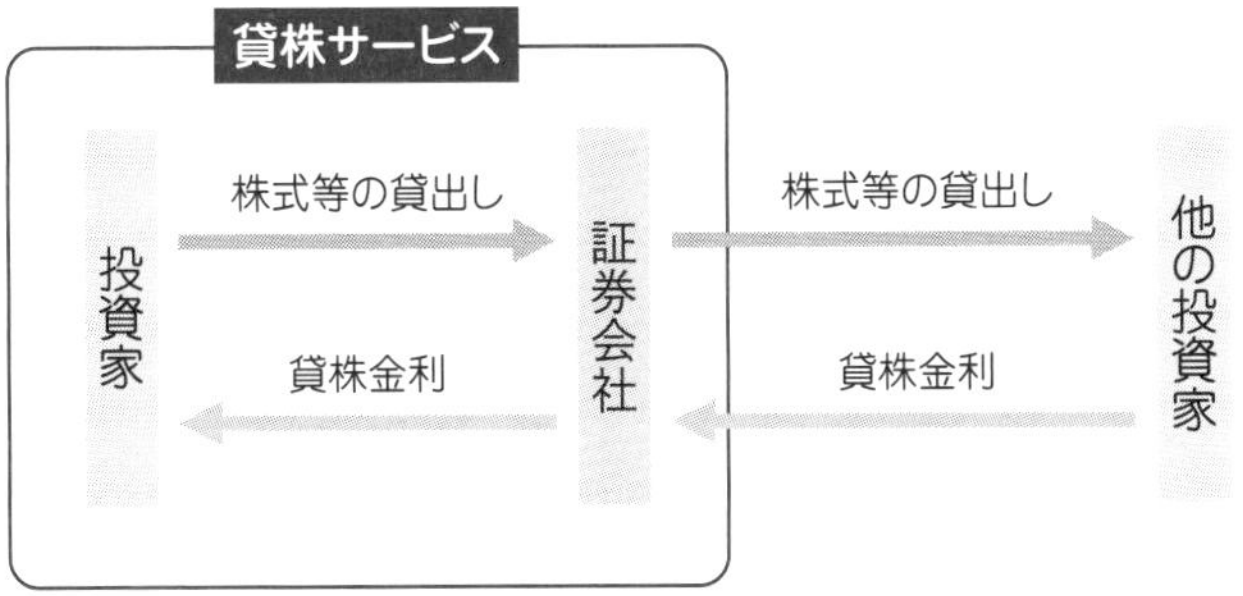

口座で保有している株式を利用して、
収益の機会を広げることができるサービス

資金が少ない人は単元未満株で株式投資デビュー

上場企業の株式の約9割は50万円未満で投資でき、東京証券取引所（以下、東証）では個人投資家が投資しやすい環境がだいぶ整備されてきました。しかしいまだ投資単位が50万円以上または１００万円を超える企業も一定数あるのが現状です。東証は投資単位50万円以上の上場企業に対して、投資単位の引下げにむけ働きかけを続けています。

現在、国内株式の売買は、１００株以上１００株単位で取引されます。株価が１０００円の株式に投資する場合、最低でも10万円の資金が必要となります。個別株式をもう少し手軽に買いたいという方は、単元未満株で取引できるサービスを利用する方法があります。

1株から取引できる単元未満株なら、予算内で複数の銘柄に投資することもできます。複数の銘柄を保有することで、万が一その中の銘柄が値下がりしても、他の銘柄の値上がりで補える可能性があります。ファーストリテイリングなど単元株だとNISAの成長投資枠（２４０万円）を超える銘柄でも1株から売買ができます。また、単元株と同様に、保有株数に応じて配当金も受け取れます。ただし、株主優待は、1単元以上の株主に実施する企業が多いため、単元未満株では株主優待が受けられない場合があります。時間をかけて買い増していけばいずれ1単元にすることができます。

単元未満株・株式累積投資・株式ミニ投資の比較

単元未満株で株式に投資する方法には、単元未満株、株式累積投資（るいとう)、株式ミニ投資の3つの方法があります。それぞれの特徴を比較しメリットと留意点を踏まえておきましょう。保有株数が単元株式数100株に達した場合は、議決権や株主優待を受け取る権利を得ることができます。

特徴	単元未満株	株式累積投資	株式ミニ投資
内容	証券会社から単元未満株を購入。	毎月定額（1万円以上千円単位）で株を買い続ける。取扱銘柄の中から、1口座につき10銘柄まで、あるいは月間100万円に満たない範囲で自由に選択など証券会社により異なる。	証券会社から単元未満株を購入。取引所が定める売買単位の1/10である10株単位の株式またはその整数倍の株数を、証券会社との間で売買する。
対象銘柄	ほぼすべての上場企業	証券会社指定の銘柄	証券会社指定の銘柄
売買単位	1株	金額に応じた単位	最低単元の1/10株
売買のタイミング	1日1～2回 前場の始値、もしくは後場の始値	1日1回	1日1回
手数料（通常の取引と比較して高いか安いか）	やや高い	高い	高い
株式の名義	投資家本人	証券会社	証券会社
配当金	受け取れる	持分株数に応じて配分され、次回の買付時に投資される。	持分株数に応じて按分される
株主優待	企業が定める対象要件に該当すれば受け取れる	受け取れない（※）	受け取れない（※）

（※）保有株数が単元株式数100株に達した場合は、議決権や株主優待をもらう権利を得ることができます。

株式ミニ投資の例

東京ディズニーランドを運営するオリエンタルランド〈4661〉なら
5,160.0円（2/9日終値）×100株=51万6,000円
→　10分の1の51,600円で買えます。

トヨタ自動車〈7203〉なら
3,323.0円（2/9日終値）×100株=332,300円
→　10分の1の33,230円で買えます。

単元未満株の例

ユニクロやGUを運営するファーストリテイリング〈9983〉の株は、100株単位では397万円かかりますが、単元未満株（1株）なら約3万9,700円で買えます。
39,710.0円×100株=397万円（2/9日終値）
39,710.0円×　1株=3万9,700円
※手数料は考慮していません。

チャートの基本① ローソク足から視覚的に情報を得る

株価チャートは、株価の動きを示すグラフです。株価チャートによる分析には様々なものがありますが、まずは投資家心理を表すローソク足の基本を押さえておきましょう。

ローソク足は、始値《はじめね》、終値《おわりね》、高値、安値の４本値を１本のローソクの形で示し、それを連ねてグラフ化したものです。視覚的に株価の動きを捉えながら多くの情報を得られるのが特徴です。

ローソクの本体に当たる部分は始値と終値を結んだもので、これを「実体」または「柱」と呼び、その上下に伸びるヒゲの部分は高値と安値を示します。

始値よりも終値のほうが高ければローソク足は白（陽線）、終値のほうが安ければ黒（陰線）で表します。時に、株価の動きから重要な相場転換のサインが出ていることがあります。ローソク足の実体が長ければ勢いよく上昇、あるいは下落したことを示します。実体が短い場合はほとんど値動きがなかったことになります。

また上下のヒゲだけを付けた十字線「迷いの十字」は、始値と終値が同じ株価で、相場の転換点に出現することがあります。ヒゲはその長さによって重要な転換のサインになる場合があるため、株式購入のタイミングを判断する際に有効です。

ローソク足の意味

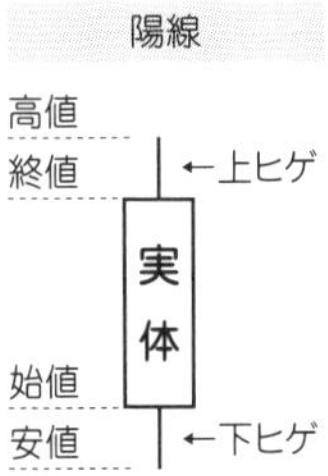

・ローソク（実体）の長さから株価の勢いの強弱がわかる。

・ヒゲの長さにより重要な相場転換のサインになる。

月足チャートは月間の4本値、週足は1週間の4本値、日足は1日の4本値で示します。陽線を赤、陰線を青など、カラーで表す場合もあります。白黒とは限らない。

ローソク足のヒゲは何を示すのか？

長い上ヒゲは下落の暗いムード、長い下ヒゲは上昇の明るいムードと捉えることができます。ただし、それが出現したからといって相場の転換点になるとは限りません。
高値圏、安値圏（※）で長いヒゲが出現した場合に、相場の流れが変わるサインと捉えることができます。例えば、高値圏で出た長い上ヒゲは下落する流れに、安値圏で出た長い下ヒゲは上昇の流れに転換するサインという具合。
高値圏で長い上ヒゲが出ていたら相場が転換することを警戒し、すぐに買わずに様子を見たほうがよいと判断できます。

（※）株価の動きが、一定の期間の中で一番高い価格帯のことを高値圏、一番安い価格帯のことを安値圏といいます。

〈スーパーマーケットを展開するA社の例〉

2020年7月に長い上ヒゲが出現。その後、株価は3か月連続で陰線が続いていることがわかります。
2020年7月の終値3,665円から2021年2月の終値1,951円まで7か月で46％下落しました。

A社は最高純利益を更新し、株価を2,489円（2024年2月22日）まで戻してきています。

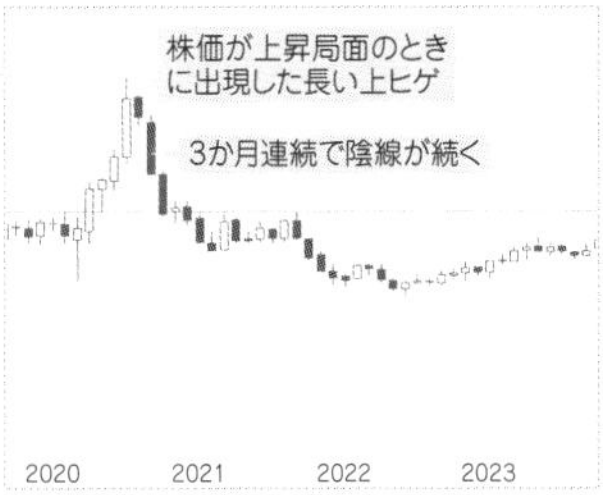

既に保有している株式がこのように上昇基調が続き高値圏で長い上ヒゲが出たときには、どうしたらよいでしょう。
①一旦売却して利益を確定する。
②長期保有し、配当や株式優待を受け取りながら回復を待つ。

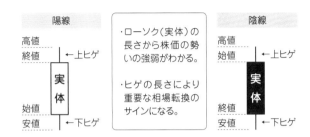

チャートの基本②
移動平均線の向きに注目する

株価の流れや転換点を探るために「移動平均線」を活用します。ある一定期間における株価の終値と平均を表した折れ線グラフのことです。期間の異なる移動平均線の関係を見ることで、株価の先行きの方向性を予測します。5日移動平均の場合、過去5日間の株価の平均をとり、翌日もまたその日から過去5日分の平均をとります。

こうして更新される移動平均は一定期間の株価を平均してグラフに表すため、どういう方向に推移しているかを見ることができます。

株価が上昇していく過程では、移動平均の線が株価よりも低い位置になります。移動平均線が株価より下に通っていて、移動平均線が右へ上がっていれば、株価は上昇トレンドにあると捉えることができます。反対に安値を更新していく場合は逆の原理が働きます。移動平均線の位置と方向性を見ることで、株価のトレンドをつかむことができます。

今までの上昇基調が下降へ転換するようなときは、それまで移動平均線より下にあった株価が、移動平均線より上に出ることになりトレンドが変わったサインになります。

短期の移動平均線が長期の移動平均線を、下から上へ突き抜けることを「ゴールデンクロス」、上から下に抜けることを「デッドクロス」といい、売買タイミングの参考にします。

移動平均線の見方

- よく使われる移動平均線は、日足（5日、25日、75日）、週足（13週、26週）。
- 移動平均線から株価の位置と方向性を見る
  移動平均線と株価を比較し株価のトレンドをおおかたつかむことができる。
- 平均する期間の短い移動平均線と長い移動平均線を用いてトレンドの転換点を探る方法として有名なのが「ゴールデン・クロス」と「デッド・クロス」。

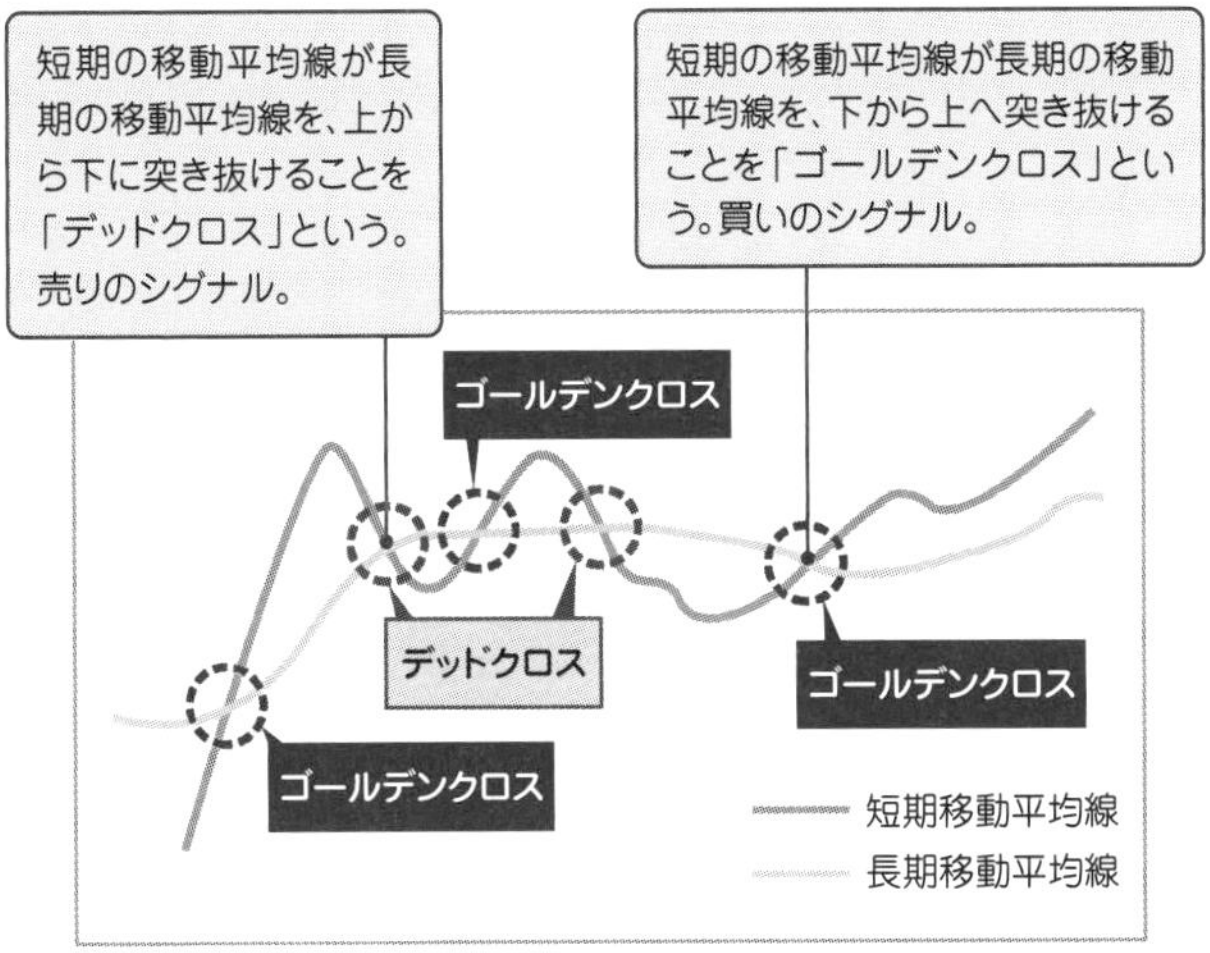
短期の移動平均線が長期の移動平均線を、上から下に突き抜けることを「デッドクロス」という。売りのシグナル。
短期の移動平均線が長期の移動平均線を、下から上へ突き抜けることを「ゴールデンクロス」という。買いのシグナル。
ゴールデンクロス
デッドクロス
ゴールデンクロス
ゴールデンクロス
短期移動平均線
長期移動平均線

ゴールデンクロス：その後に上昇を続ける傾向があることから強気のサイン。

デッドクロス：その後に下落する傾向があり、弱気のサイン。

チャートの基本③ 株価の位置を端的に表す数字

株価の今の水準が安いのか高いのかを示す指標は前章でもご紹介しましたが、チャートからも株価の水準をつかむ方法を知っておきましょう。チャートから、株価の現在の水準が高いのか安いのかを株価の位置を判断する指標のひとつであるＲＳＩ「Relative Strength Index／相対力指数」（以下、ＲＳＩ）に注目してみましょう。

ＲＳＩは、過去一定期間の上げ幅の合計を同じ期間の上げ幅の合計と下げ幅の合計を足した数字で割って、１００を掛けたものです。一般的によく使用される期間は、「14日」が多いようです。相場が過熱しているか、あるいは冷え込んでいるかを0から１００までの数値で示しています。上昇局面に入ると50％以上で推移し、下落局面に入ると50％を下回って推移します。一般的には70％以上は買われ過ぎ（高い）、30％以下は売られ過ぎ（安い）と判断されます。

ＲＳＩを使ったトレードの方法はいくつかありますが、最も基本的な見方は、ＲＳＩが70％を超えた後、70％を下回ってきたときに売りを入れるという使い方です。ただし、上昇トレンドにある場合は、30％以下にはなかなか下落せず、70％以上の位置から50％あたりまで下げてきたときが買いのチャンスになることもあります。ＲＳＩは単独で使うよりも、他のテクニカル指標や移動平均線と併用することで、より効果的に相場の動きを捉えることができます。

RSIの見方

70%以上は買われ過ぎゾーン（高い）
30%以下は売られ過ぎゾーン（安い）
70%以上で売り、30%以下で買う方法は
いつでも通用するわけではない。

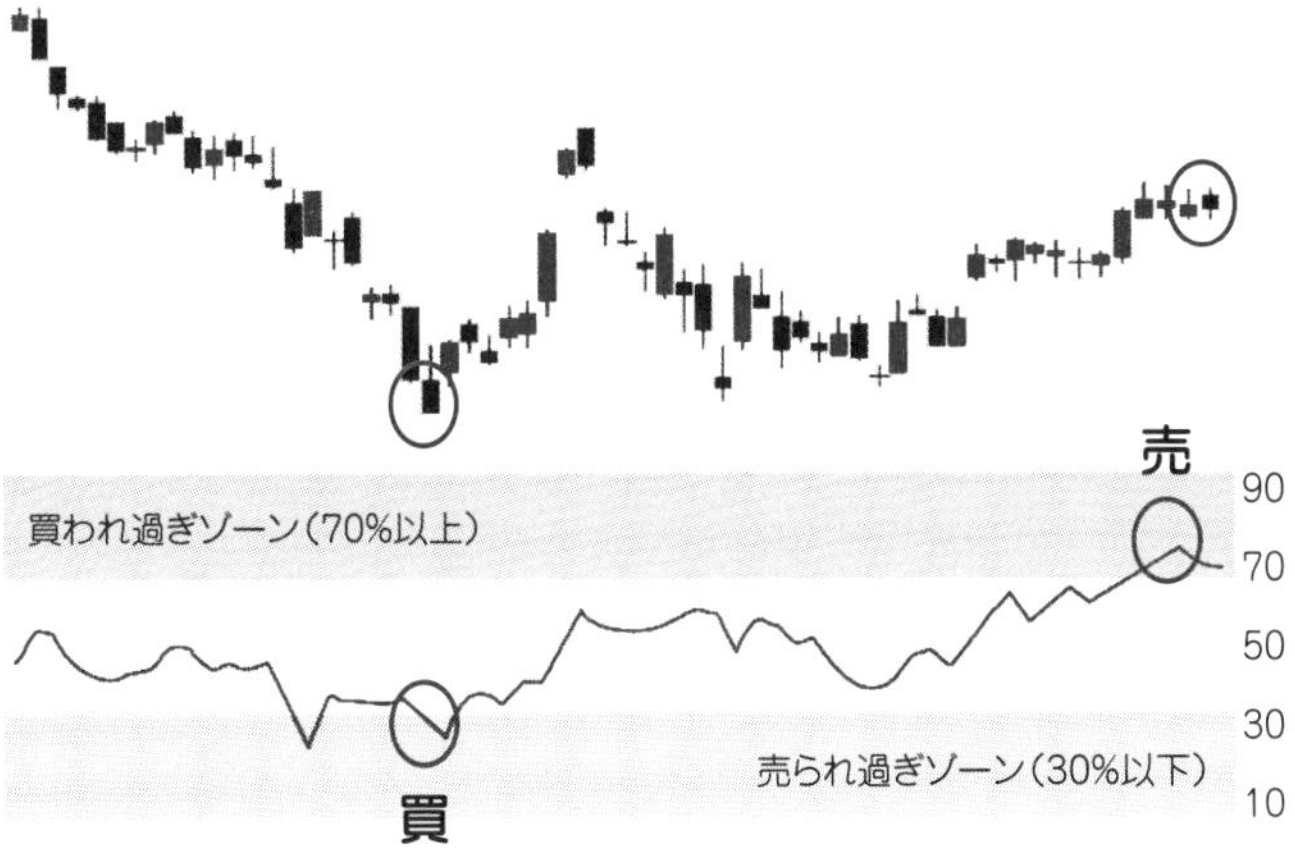

上昇トレンドにある場合は、30%以下にはなかなか下落せず、70%以上の位置から50%あたりまで下げてきたときが買いのチャンスになることもあります。
上昇トレンドにある銘柄が、仮に30%以下になるようなことがあれば、上昇基調が崩れて下降基調に入っている可能性が高いと注意したほうがよいケースもあります。

出来高から投資家の心理を読む

株価の動きを確認できる株価チャートには、チャートの下に棒グラフで「出来高」が記されています。「出来高は株価に先行する」という投資の格言があるように、出来高の変化により株価の先行きを予測することができるのです。

出来高とは、売買が成立した株数のことです。出来高が増えるということは売買が活発であることの表れで、逆に出来高の減少は人気の低下を意味し、出来高は投資家心理をそのまま描写しているといえます。

株価が上昇し、出来高も多い場合は、売る人も多い中、それを上回る買いの勢いがあったということになります。人気が一時的なことでなければ、出来高の増加が続き、出来高が膨らむにつれて株価上昇に勢いがついていきます。

一方で、株価の上昇を支える買いの勢いがないと、売りたい人が少し出てきただけで大きく値下がりしてしまうことがあります。

このように、出来高は、どのくらいの勢いをもって株価が動いたかを表す重要な指標なのです。出来高が増加したうえでの株価の上昇は、強い勢いがあり株価上昇が続く可能性に期待することができます。

食品スーパーA社の例

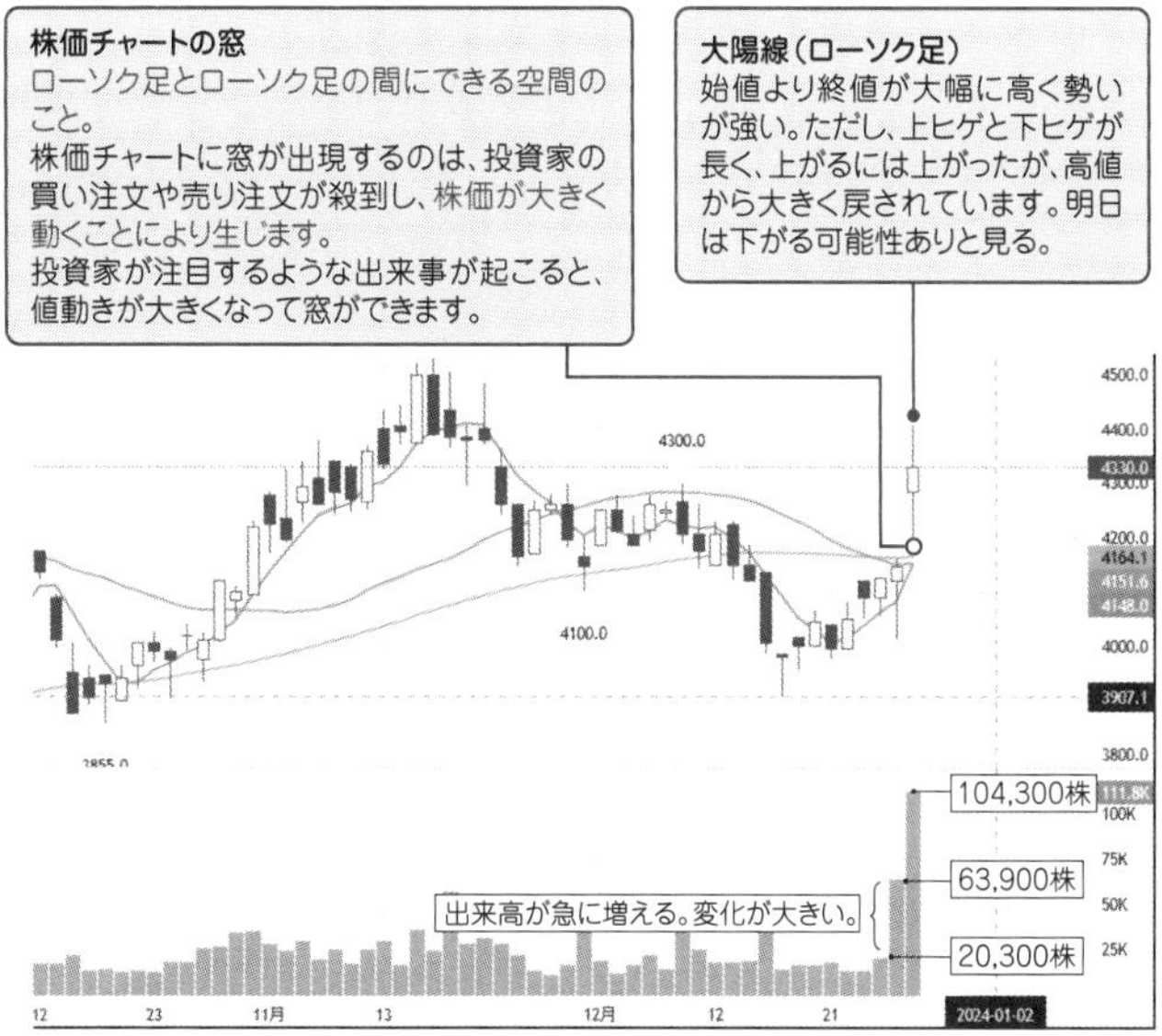
株価チャートの窓
ローソク足とローソク足の間にできる空間のこと。
株価チャートに窓が出現するのは、投資家の買い注文や売り注文が殺到し、株価が大きく動くことにより生じます。
投資家が注目するような出来事が起こると、値動きが大きくなって窓ができます。
大陽線（ローソク足）
始値より終値が大幅に高く勢いが強い。ただし、上ヒゲと下ヒゲが長く、上がるには上がったが、高値から大きく戻されています。明日は下がる可能性ありと見る。
4500.0
4400.0
4330.0
4300.0
4200.0
4164.1
4151.6
4148.0
4000.0
3907.1
3800.0
4300.0
4100.0
3855.0
104,300株
111.8K
100K
75K
63,900株
50K
出来高が急に増える。変化が大きい。
20,300株
25K
12
23
11月
13
12月
12
21
2024-01-02

グラフから、通常の出来高は1.3万株から2万株くらいと見ることができます。出来高が、急に6万株を超え、その翌日は10万株に。
このときに株価が大幅に上昇しました。通常の約3倍以上の売買が成立したことから「出来高を伴った株価の上昇」といえます。
では、このように急に買う人が増えたこの企業に何が起きていたのかを調べてみましょう。

24年2月期第3四半期決算が23年12月27日に発表になり、営業利益1,445億4,300万円（前年同期比12.6増）、純利益52億9,300万円（前年同期比17.3%）と2桁の伸びを示したことが投資家に好感を持たれて出来高が急増し、その結果、株価が急騰してチャートに**窓が出現**しています。配当も2円増え年間配当金は44円に。

投資情報会社などが提供する「出来高変化率ランキング」では、直近5日平均の出来高と現在（情報配信日の出来高）を比較し、出来高が増えた銘柄をランキングしています。通常の出来高との変化は、投資家の関心を知ることができ、銘柄探しにも活用できます。

個別銘柄の通常の出来高よりも大幅に多くの売買がおこなわれて株価が上昇したときに、「出来高を伴う株価の上昇」と捉えることができます。企業ごとの出来高の変化の大きさからその背景を調べてみると、買われる理由が必ずあります。ただし、その買いの勢いが続くかどうかは、出来高の推移を注視していく必要があります。

5章

ここにも注目！ 勝敗を分けるキーポイント

失敗しないために投資先のここをチェックする

刻々と変化する経済状況により企業の経営は影響を受けます。そのためどのような環境でも銘柄選びには常に慎重さが求められます。最初の株式投資で失敗し、懲《こ》りてしまうということにならないために、最低限、投資先の何を確認すればよいか押さえておきましょう。

①自己資本比率が低くないか、有利子負債が大きくないか。②営業活動で得るお金はマイナスの状態が続いていないか。③負債が資産を上回る債務超過に陥っていないか。④営業赤字が3年以上続いていないかを確認します。例えば、借入金については売上高を超えた借入金を返すことはもはや難しく、有利子負債と売上高を比べて、有利子負債が売上高を大幅に超えている場合には注意が必要です。また、企業の家計簿といわれるキャッシュフローにおいて、営業キャッシュフローがマイナスだと「手元の現金が不足している」という状況に陥る危険があります。

さらに株価が１００円未満の企業は、一見お買い得に見えますが、投資家から人気がなく、何らかの問題が潜んでいる可能性もあります。

このような状況が続き改善が見込めない場合には事業の存続性が疑われます。企業は、その旨を財務諸表などに注記することが義務付けられています。疑義注記の付いている銘柄はリスクがあると認識しておきましょう。

投資先を決める際の数字の確認ポイント

こんな株にはご用心

確認するポイントを押さえる ➡ リスク対策に

事業の存続性が疑われる銘柄は、証券会社のホームページや会社四季報でも確認できます。
・「疑義注記の銘柄一覧」
・「企業の継続性にリスクがある会社一覧」
※「成長投資枠」では、すでに上場廃止が決まっている企業、もしくは上場廃止のおそれがある企業の株式は購入できません（整理銘柄・監理銘柄に指定された上場株式）。

〈業績、財政、キャッシュフローのここをチェック〉

株価　18円（100円以下）
株価100円割れの企業は、営業赤字が続いて成長性が見込めず、経営状態などに問題が潜んでいることを表しているといえます。

「手元の現金が不足している」
支払うべきお金が手元にない。

A社の例 株価：18円 （23年12月末）	成績 業績		健康状態 財政		家計簿 キャッシュフロー
	売上高	営業利益	有利子負債	自己資本比率	営業キャッシュフロー
2021年3月期	4,708	-437	2,400	28.5%	-273
2022年3月期	4,237	-564	2,249	3.8%	-273
2023年3月期	3,547	-724	7,111	2.5%	-37
2024年3月期予想	1,300	90	6,522	10.6%	-84

（単位：百万円）

借入金が多く、返せる目処がない。
2021年3月期から2023年3月期にかけて自己資本比率（※）が低くなり、有利子負債が大きくなっています。有利子負債とは借入金と社債の合計で、期日までに返さなければいけないお金です。有利子負債と売上高を比べて、有利子負債が売上高を大幅に超えてきています。
2024年3月期予想では自己資本比率は持ち直す可能性も見えますが、かなり低い状況。

（※）自己資本比率：企業のすべての資本（総資本）のうち自己資本が占める割合。高いほど健全性が高い。借入金が多いと数値は低くなる。

ナンピン買いにご用心 落ちてくるナイフはつかむな！

「安く買って高く売る」とは投資の鉄則ですが、現実には簡単ではありません。相場には「落ちるナイフをつかむな」という格言があります。安くなったと思って買ったところ、さらなる下落に巻き込まれてしまう可能性に注意を促す教えです。ナイフが床に落ちてから、つまり底を打ったのを確認してから投資すべきということです。ここでも冷静に判断する力が必要になります。「長期投資」の視点をもつと、保有銘柄が下落しても耐える構えがあり、相場急落にも動じず狼《ろう》狽《ばい》売りにも走らず、買い増しに動くことができます。

買い増しとは、買った株式などが下落した場合に、購入単価を引き下げることを目的に、さらに買い付けることです。ナンピン（難）＝損を平均することからナンピン（難平）といわれます。例えば、1000円で100株を購入した銘柄が、500円まで下がったときに100株買い増しをした場合、1株あたりの平均購入単価は750円になり、利益が出る水準を下げることができます。一時的に下がったときにおこなうことでより値上がり益が期待できる投資手法です。

相場急落時は投資のチャンスです。ただし、「下手なナンピン、スカンピン」という言葉もあり、上手に活用しないと、さらに損失が膨らみ資産を失うことにもなりかねません。ナンピン買いに機動的に出動できる資金準備と適正な価格の位置を知っておくことが大切です。

安い株を買って損をしないために

平均購入単価を
引き下げる効果

株価(円)	1,000	500
株数	100	100
投資金額(円)	100,000	50,000

➡

平均購入単価(円)	750
株数	200
投資金額(円)	150,000

①ある銘柄を1,000円で100株購入します。
この時点での投資額は、100,000円。

②その後、株価が500円に下落したとき、同じ銘柄を100株購入（ナンピン買い）します。
追加投資額は50,000円。

③これにより、保有株数は200株になり、投資総額は150,000円です。

④1株当たりの平均取得価格は、
150,000円 ÷ 200株 = 750円　となります。

急落時は、落ちてくるナイフをつかまず、ナイフが床に落ちたことを確認してから拾いましょう。慌てて飛び乗った電車の進行方向が逆だったということもあります。焦らず慎重に構えるスタンスが大切です。

自社株買いでなぜ株価が上がるの？

高配当や配当性向の高さで株主に還元する姿勢を示す企業には人気が集まります。配当などと並んで株主還元のひとつとされているのが自社株買いです。自社株買いとは、上場企業が自らの資金を使って、株式市場から自社の株式を買い戻すこと。

なぜ、自社株買いが株主還元になるのでしょう。自社株買いをすることで、業績を上方修正したことと同じ結果になるのです。株式市場から自社の株式を購入すると、1株当たり純利益を算出するときに、分母である発行済株式数が減少し、1株当たり純利益を高めることができるというわけです。1株当たり純利益が上がると様々な投資指標が改善します。

配当性向を表明している企業では、配当金も増えることになります。配当性向が30％で1株当たり純利益が100円から120円に増えると、配当金は6円増えます。

PER（株価収益率）は、企業の利益に対して何倍まで株価が買われているかを示し、自社株買いにより1株当たり純利益が上がると、PERが低下し株価が割安と判断され、買われやすくなります。また、収益性を測る指標であるROE（自己資本利益率）を高める効果もあります。ROEは当期純利益を自己資本で割って算出しますが、自社株買いは自己資本から除外されるためROEが改善します。すると、収益性が高まったと見られて選好されやすくなります。

自社株買いで株が買われやすくなる理由

① 自社株買いをすると、発行済株式数が減るので、1株当たりの純利益が上がる
=業績を上方修正したことと同じ結果になる

⇧増える　**1株当たり純利益（EPS）（円）** ＝ **純利益** ／ **発行済株式数（株数）** ⇩減る

② 1株当たり純利益が上がると様々な投資のモノサシが改善する

●**配当性向**を定めている企業は**配当金も増える**

1株当たり配当金＝1株当たり純利益×配当性向

例）100円（1株当たり純利益）×30%（配当性向）＝30円
　　120円（1株当たり純利益）×30%（配当性向）＝36円

●株価の割高・割安を示す**株価収益率（PER）**が改善

株価が割安と判断され、選好されやすくなる ➡ 株価上昇につながる

⇩下がる　**株価収益率（倍）（PER）** ＝ **株価** ／ **1株当たり純利益** ⇧増える

●収益性・利益の効率性を見る**自己資本利益率（ROE）**が改善

収益性が高まったと見られ選好されやすくなる ➡ 株価上昇につながる

⇧上がる　**自己資本利益率（%）（ROE）** ＝ **当期純利益** ／ **自己資本** ⇩減る

PBR1倍割れだと割安ってホント？

PBR（株価純資産倍率）は、PERと並んで株価の高安を測る指標です。PERが1年で稼ぐ利益を用いて測るのに対し、PBRは企業の保有資産を用いて測ります。1倍が基準となり、1倍を下回ると割安と判断することになります。企業が解散する場合、資産を売却し負債を返済したあとの残りの資産（純資産）を株主で分配します。

「PBRが1倍を下回る」ということは、株式価値よりも解散価値のほうが高い、今後事業継続して得られる価値よりも、企業が解散して財産を分けたほうがお得と評価されてしまっているということになります。企業は何も価値を生んでおらず、今後の成長に対して市場の期待が低いことの表れともいえます。ただ、実際には、東証プライム市場上場企業のうち約50％の企業は、この解散価値を下回るPBR1倍割れの状況です。

東証は2023年3月に「PBR1倍割れ改革」を発表し、低PBRの企業に、改善策を開示・実行するよう要請しました。これを受け、多くの企業で手持ち資本を収益へつなげるための投資や、配当や自社株買いによる株主還元を強化する動きが見られました。これにより経営改善や株主還元強化への期待から、低PBR企業は運用資金の大きい外国人投資家から買われ株価は値上がりしました。今後もこのような動きが続く可能性が高いと思われます。

PBR1倍割れの企業をどう見るか?

〜東京証券取引所　改革の流れ〜

- 2022年4月の市場区分の再編
  東京証券取引所（以下、東証）は、世界における東証の国際競争力を高め、海外投資家を呼び込むため、各市場の上場基準・上場維持基準等を見直しました。
- 2023年3月「資本コストや株価を意識した経営の実現に向けた対応」を発表。
  東証はPBRの低迷する企業に、改善策を開示・実行するよう要請しました。
- 2024年１月「資本コストや株価を意識した経営の実現にむけた対応」に関する開示情報を公表。

（出所）東京証券取引所

〈企業の課題〉

① 資本コストを上回る資本収益性を達成できていない

資本収益性が資本コストを上回っていない状況は、ROE（自己資本利益率）など資本収益性を示す指標が、株主資本コスト（投資家がその企業に要求する期待収益率）を下回っていることを指します。

② 成長性が投資家から十分に評価されていない

市場で投資家から評価が得られず、株価が低迷し、高い株主資本コストを要求されている状態を指しています。

〈低PBR（株価純資産倍率）に留まる企業への処方箋〉

ROE（自己資本利益率）が7〜8%以下の企業
処方箋→事業構造改革や株主還元の拡充など

ROEが7〜8%以上の企業
処方箋→事業ポートフォリオの見直しや株主還元など

PBR1倍割れの企業を分析して指標を活用する

PBR1倍割れは「割安株」であることを示すといわれますが、なぜ1倍を割り込んでいるかという理由を考えてみましょう。

PBRを分解すると、ROE（自己資本利益率）とPER（株価収益率）を掛け合わせているとを分析できます。つまり、PBRは、経営の効率性、収益性（ROE）と企業の成長期待（PER）のふたつの要素から構成されています。企業が株主のお金を効率的に活用して利益を出しているかという将来の成長の可能性も反映しています。

設備投資などにお金を使わず溜め込み純資産が大きすぎるとPBRが低くなり、また稼ぐ力や成長性がないと株価は低迷するため、やはりPBRが低くなります。一時的な1倍割れなら、株価は将来の企業価値と共に上昇していくため「割安」と捉えることができます。しかし、稼ぐ力が足りなく、お金も事業に使われず非効率であるとPBR1倍割れから脱却できない状態となります。

PBR1倍割れの企業2社を比較してみましょう。A社は投資家から注目される収益性を示すROEは高いですが、将来の成長期待といえるPERが低い状態です。B社はROEが低いのにPERが高い状態です。市場の評価には、収益性と成長期待の両方が必要です。

PBRが低い理由を分析するには

市場の評価 割安・割高		収益性 利益の効率性		割安・割高 将来の期待度
PBR	＝	ROE	×	PER

$$\frac{\text{株価}}{\text{純資産}} = \frac{\cancel{\text{当期純利益}}}{\text{純資産}} \times \frac{\text{株価}}{\cancel{\text{当期純利益}}}$$

PBRは、収益性（ROE）と長期的な期待（PER）のふたつの要素がある。

	PBR（倍）	PER（倍）	ROE（%）
A社	0.53	5.16	10.2
B社	0.53	10.23	5.2

株価は、企業の人気が上がり（PERが上がる）、株主から出資された資金を効率よく利益に結びつけ、利益を増やしていくと上昇していく。

ROE（稼ぐ力）を上げれば市場からの評価（PBR）は高まる。ROE（テストの点数）、PBR（先生からの評価）に例えると、テストの点数が上がると、先生の評価も上がる。たくさん買っておいた問題集を解いてしっかり点数を取れるようになると、先生の評価も上がる。

株式分割が進むとどんな影響があるのか

株式分割は1株をいくつかに分けることです。これにより1単元（100株）の投資金額が下がり、より多くの投資家がその株式を購入しやすくなります。企業にとっては、投資家層の拡大や流動性の向上につなげることが期待されます。東京証券取引所（以下、東証）では、個人投資家が投資しやすい環境を整えるため、上場株の投資単位は5万円以上50万円未満が望ましいとし、投資単位が50万円以上の上場企業に対して最低投資単位を引き下げるよう2001年から要請してきました。東証の要請を受け、多くの企業で株式分割が続いています。

また、最低投資金額が500万円を超える企業も残るものの、株価水準が高いファーストリテイリングは2023年3月に1株を3株に株式分割し、最低投資金額は約397万円（2024年2月9日終値）となり、以前よりは投資しやすくなりました。

株式分割は、1株をいくつかに分割し発行株式数を増やします。1株を2株に分割すると、1株の価値は半分になりますが、株主の保有株数は2倍になるので、その会社の資産価値は変わりません。また、一般的には配当金も株式分割に応じて修正されます。

株式分割によりどのような影響があるでしょうか。分割により株価が買いやすい水準になるため、買いたい人が増え株価の上昇につながります。

株式分割をどう評価するか？

〈株式分割の仕組み〉

1:5で株式分割されたとすると、発行株式数は5倍になり、100株保有の場合には500株保有に変わります。株価は5分の1に変更されます。
1株当たりの配当金も5分の1になります。すなわち、すでに株主だった場合は、自分が保有している資産も変わらないということです。一般的には配当金も株式分割に応じて修正されます。企業によっては、分割に伴って配当を変更しない場合もあります。

このように株式分割により、株数が増え株価が引き下げられることで売買が活発になり流動性が上がり、投資家の裾野も広がることが期待されます。ただ、流動性が上がることで短期的な利益を目的とする投資家が増え、株価の変動が大きくなる可能性もあります。配当金や株主優待を受け取る際の保有株数の条件についても、変更がないかどうか確認することも忘れないようにしましょう。

〈株式分割の効果〉

1.株式を購入しやすくなる

株式分割がおこなわれると、投資単位（最低投資金額）が小さくなるため、株式を購入しやすくなります。

2.少額で分散投資ができるようになる

株式分割がおこなわれると、投資単位（最低投資金額）が小さくなるため、少額で分散投資が可能になり、ポートフォリオ（金融資産の組み合わせ）の自由度が高まります。

3.成長投資枠でポートフォリオを組みやすくなる

株式分割がおこなわれると、投資単位（最低投資金額）が小さくなるため、NISAの成長投資枠に組み入れやすくなります。

証券税制の基本「一般口座」と「特定口座」とは

株式投資を始めるためには証券会社で口座を開設しなければなりません。証券会社で口座を開設するときは、「特定口座」と「一般口座」のどちらかを選択します。NISA口座を開設する際は、まず課税口座である一般口座または特定口座の開設が前提となります。

投資信託や株式等の売却益や配当金には基本的には税金がかかるため、投資家自身が確定申告をおこなって納税をします。しかし投資家の納税手続きの負担を軽くするため、証券会社が口座内で税務計算の代行をおこなう口座として「特定口座」があります。特定口座を開設しない場合は、一般口座で取引をおこないます。

特定口座には、「源泉徴収あり」と「源泉徴収なし」があります。源泉徴収ありを選択すると、口座内で発生した1年間の損益が自動的に通算され、納税も証券会社が代行します。確定申告は不要です。一方、源泉徴収なしを選択する場合は、証券会社が作成する年間取引報告書をもとに、投資家自身で確定申告をおこないます。「源泉徴収あり」でも確定申告をすることもできます。

一般口座は、投資家が自身で1年間（1月1日から12月31日）の上場株式等の譲渡損益等の計算をおこない、確定申告をする必要があります。投資初心者の多くの方は、確定申告が不要の「源泉徴収あり」を選択しています。証券総合口座が開設されたら、NISA口座を開設します。

証券会社で口座を開く際の注意点

少額投資非課税口座NISAを開設するには、まず金融機関で取引口座を開設します。
取引口座には、「特定口座」と「一般口座」があります。
「特定口座」は、源泉徴収ありと源泉徴収なしのいずれかを選びます。

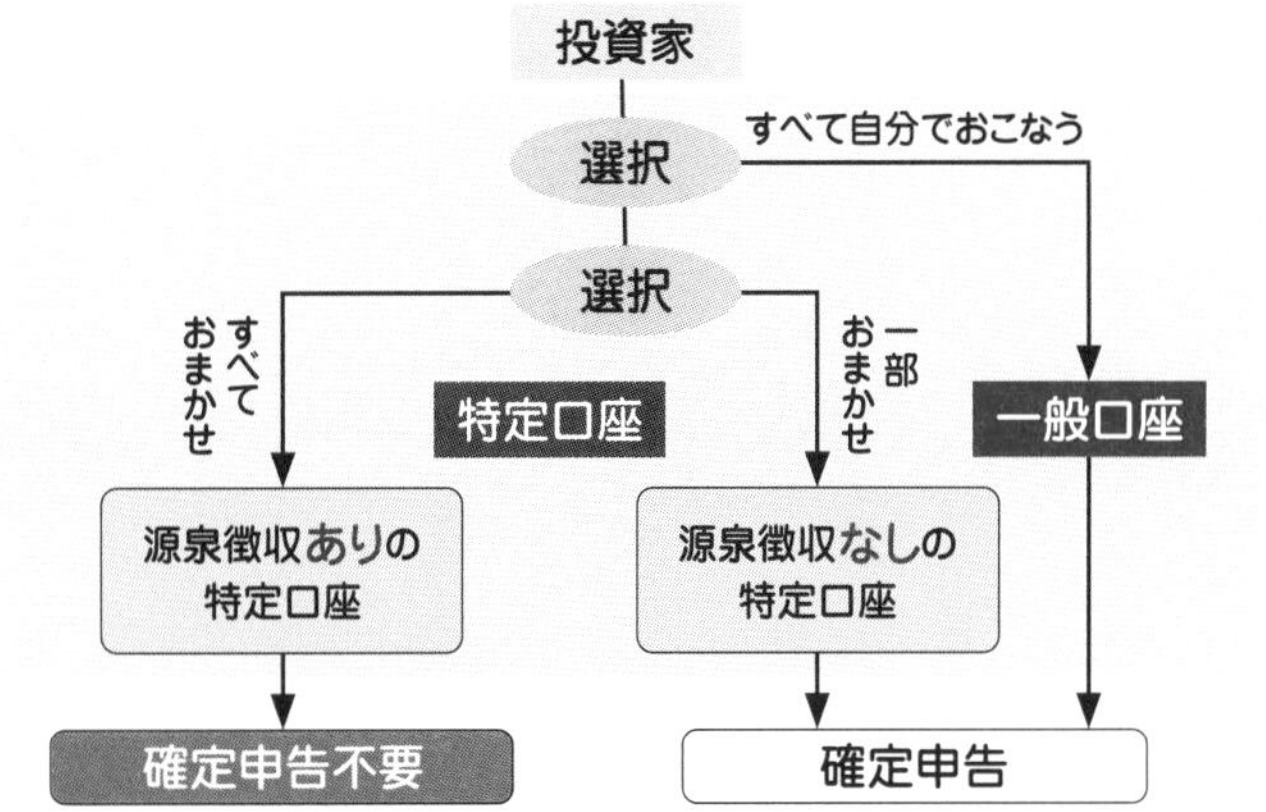

特定口座と一般口座		
特定口座	源泉徴収あり	金融機関が納税。投資家は確定申告不要。
	源泉徴収なし	投資家が自身で確定申告にて納税。譲渡損益の計算は金融機関がおこない、「特定口座年間取引報告書」を作成し、投資家へ交付。
一般口座		投資家自身で計算し確定申告する。

↓

NISA(少額投資非課税口座)開設

損益通算と損失の繰越控除について知っておこう

証券投資では、通常は利益に対して20・315%の税金がかかります。課税口座（特定口座または一般口座）での運用の場合にかかる税金が非課税になる少額投資非課税口座NISAでは、損失が出た場合、その損失を他の所得から控除することはできません。すなわち、NISA口座では、損失が出たとしても損益通算や損失の繰越控除の適用が受けられません。課税口座での運用の場合は、いずれも適用が可能です。

損益通算とは、一定期間内の利益と損失を相殺することです。株式などの投資から得た利益（譲渡益や配当など）と損失を通算して、利益にかかる税金を減らすことができる措置です。損益通算ができる金融商品には、株式や投資信託の売却益のほか、配当金や分配金も含まれます。例えば、A株式で10万円の売却損が出て、B株式で10万円の売却益が出た場合、損失10万円と利益10万円を通算して0円とし、「課税はなし」にできるということです。損益通算をしても、損失が大きく損失が20万円残る場合は、「損失の繰越控除」を適用することができます。損失の繰越控除とは、その年に控除しきれなかった損失を、確定申告をすることにより、3年間にわたり繰り越して利益と通算できる措置です。ただし、繰越控除の適用を受けるためには、取引がない年があっても、その損失を繰り越す期間は連続して確定申告をしなければなりません。

投資の利益の税金対策

「損益通算」は、投資で得た利益と損失を通算して、利益に課される税金を減らすことができます。

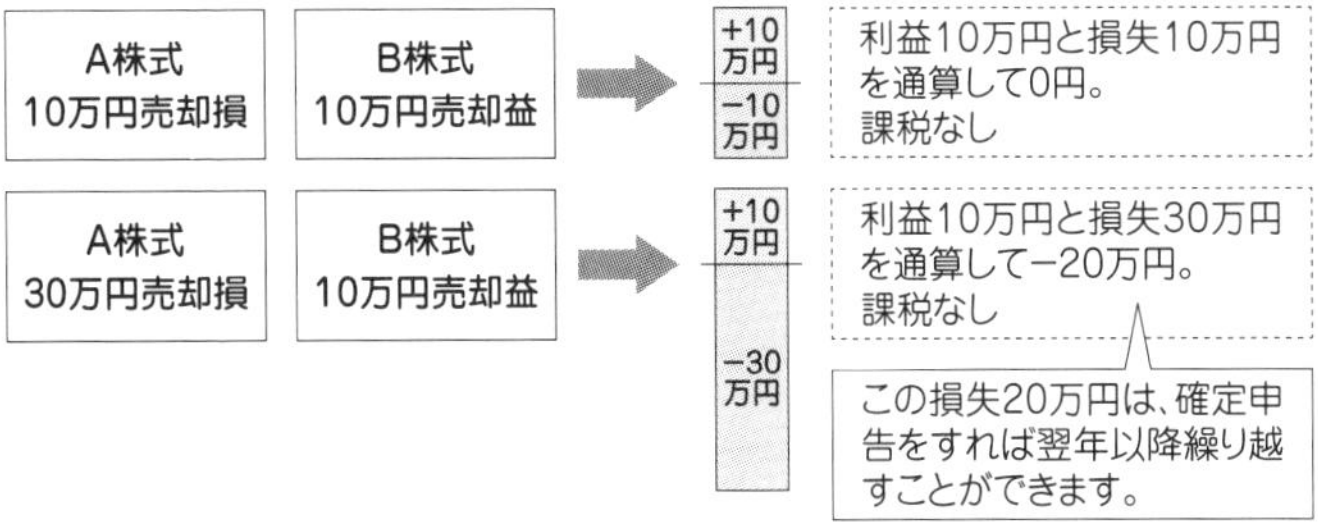

「損益の繰越控除」では、その年に控除しきれなかった損失を、確定申告により最長3年間にわたり利益から控除することができます。

NISA口座で発生した損失は、
他の口座で得た利益と損益通算できず、
損失の繰越控除もできません。

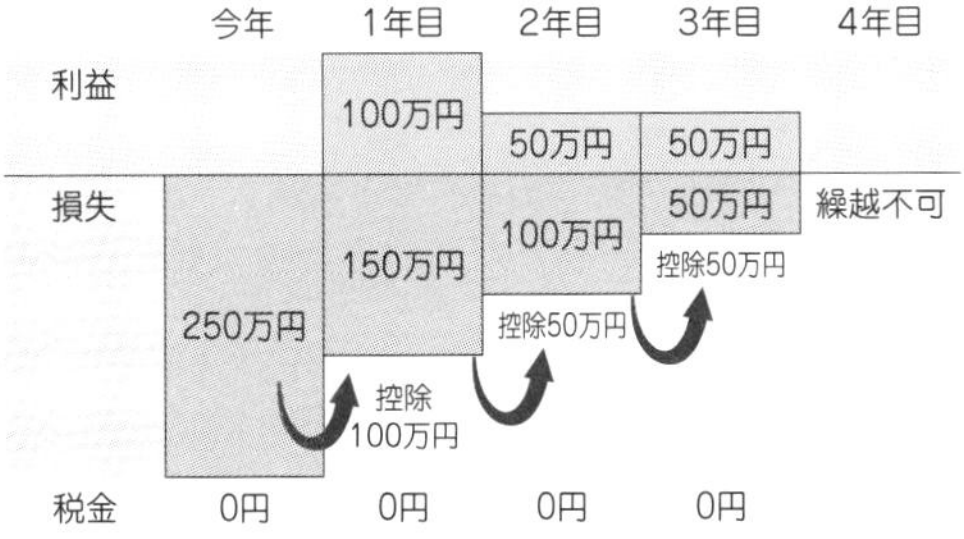

投資詐欺から未然に身を守るには

新NISAが始まり、投資への関心が高まる中、インターネットやSNSであふれる情報に翻《ほん》弄《ろう》されてしまうという人も少なくないでしょう。投資への関心の高まりとともに増えているのが投資詐欺です。

儲け話で勧誘し、お金だけを搾取《さくしゅ》し去っていく犯罪です。その手口は巧妙で、近年多く聞かれるのは、SNSでのやり取りをきっかけに投資に勧誘され、お金を振り込んでしまうというものです。

有名人になりすました偽アカウントから、最初は有益と思わせる情報がたくさん配信され、次第に「この投資方法がおすすめ」などと講義を受けさせられ、お金を振り込まされてしまいます。また、マッチングアプリで知り合った人と信頼関係を築いたのち、恋話がふたりの将来のための儲け話になるロマンス型の投資詐欺もあります。

大学生などを対象とした「このツール通りに投資を実施すれば必ず儲かる」とマニュアルをUSBメモリで渡される情報商材型の投資詐欺もあります。

詐欺集団はありとあらゆる手口で忍び寄ってくるため、投資詐欺のトラブルから未然に身を守るために、左記のような4つの原則に留意して十分注意すべきです。

投資詐欺の実態とチェックポイント

利殖勧誘事犯（※）に関する相談当事者の中で40歳以下が占める比率

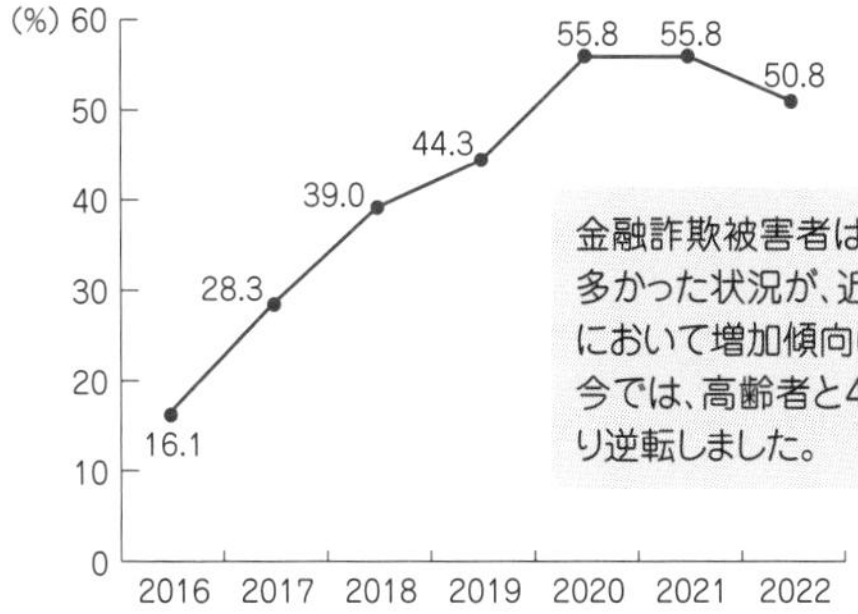

金融詐欺被害者は、以前は圧倒的に高齢者が多かった状況が、近年では40歳以下の若年層において増加傾向にあります。
今では、高齢者と40歳代以下の割合がすっかり逆転しました。

※「利殖勧誘事犯」とは、未公開株、社債、外国通貨の取引、ファンドへの投資勧誘、投資被害の救済を装って金を集める悪質商法
（警察庁生活安全局のデータ　最新は2023年3月公表の「令和4年版」より筆者作成）

金融の知識をつけ、経済や世の中の動きに関心をもちアンテナを張り巡らせることが、投資詐欺から身を守ることにつながります。

〈投資詐欺チェック項目〉

1. 「必ず儲かる」「大儲け」「元本保証」「確定高利回り」…必ずはあり得ない。大儲けは大損の可能性がある。
2. 仕組みが理解できない商品は買わない、かかわらないことは投資の鉄則。
3. 自分のお金の手続きは、他人に任せない。たとえ友人からの紹介でも断る。
4. 親戚、友人から聞いた話でも、必ず自分で確認する。金融商品取引業者の登録があるか、調べ方がわからない場合には、以下の相談窓口を活用する。

〈相談窓口〉

・**「消費者ホットライン」**　消費生活センター“188”
　受付時間10時～12時、13時～16時
・**「株や社債をかたった投資詐欺」被害防止コールセンター**
　日本証券業協会　0120-344-999
　受付時間　9:00～11:30、12:30～17:00

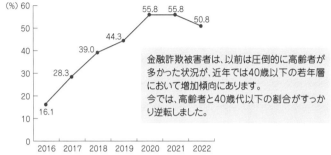

投資商品は、利益が出ることも損失が出ることもあります。「必ず儲かる」元本保証の金融商品はこの世にひとつも存在しません。損失補塡《ほてん》もあり得ません。金融商品取引法では、不確実なことを確実であるかのように決めつけて勧誘すること（断定的判断の提供）は禁止されています。

6章

株は山あり谷あり！判断を間違えないための勘所

株式投資で投資の経験値を高める

新しいNISAでは、つみたて投資枠と成長投資枠のふたつの枠を上手に併用していきましょう。つみたて投資枠で定期継続購入する投資信託と同様の商品を、成長投資枠でも積立形式で投資していくという方もいるでしょう。それも方法のひとつで機械的に資産形成が進み、経済や相場環境に一喜一憂せず、仕事にも邁進《まいしん》できるでしょう。

成長投資枠で自分で運用してみたいという方は、個別株式を自ら調べ、まずは1社からスタートしてみるのもよいでしょう。すぐに結果がでるものではありませんが、投資経験を重ねながら資産も育てていきます。自動積立の金融商品のようにほったらかしというわけにはいきません。株式市場はよいときもあれば悪いときもあります。様々な波を経験し成功と失敗を繰り返すことで、経験値を積んでいきます。若いうちに始めれば多くの相場環境を体験することができ、暴落も何回か経験するでしょう。暴落後すぐに相場環境が持ち直さず低迷する期間が続くこともあります。そのような時期はバーゲンセールと捉え、目星をつけておいた銘柄を買いにいこうと小躍りするようになります。ところが、多くの投資初心者の方は、下落時に運用資金が目減りしていくことに耐え切れず、あわてて売却し、投資をやめてしまうのです。投資キャリアを積むことで、歴史から学び、暴落も起こり得ると想定し、心の余裕とともに冷静な判断ができるようになります。

過去の大暴落に学ぶ

〈世界的な大暴落〉

・1929年の世界恐慌：NYダウ平均株価はピーク時の386ドルから安値を34か月かけて41ドルまで下落します。その下落率は89％

・1989年ピーク時の日経平均株価はザラ場ベースで3万8,957円。
（1989年12月29日の終値は38,915円87銭、いわゆる株価バブルのピーク時の値）
最安値を付けたのが2008年で、その下落率は82％
（2008年10月28日には一時6,994円90銭、バブル崩壊後の最安値を記録。終値としての最安値は、2009年3月10日に記録した7,054円98銭）

〈2000年以降の暴落〉

2000年のITバブル崩壊
2007年のサブプライム危機
2008年のリーマンショック
2011年の東日本大震災
2015年のチャイナショック
2016年のブレグジット
2020年のコロナショック

	高値(円)	安値(円)	下落率	下落期間	高値の時期	安値の時期
世界恐慌(NYダウ)	386	41	-89%	34か月	1929年7月	1932年7月
バブル崩壊	38,957	6,994	-82%	226か月	1989年12月29日	2008年10月28日
ITバブル崩壊	20,833	7,603	-64%	36か月	2000年4月12日	2003年4月28日
サブプライムローン、リーマンショック	18,295	6,994	-62%	15か月	2007年7月5日	2008年10月28日
東日本大震災	10,044	8,227	-18%	2日	2011年3月14日	2011年3月15日
チャイナショック	20,952	14,865	-29%	8か月	2015年6月24日	2016年2月12日
ブレグジット（英国のEU離脱）	16,389	14,864	-9%	1日	2016年6月24日	2016年6月24日
コロナショック	23,861	16,358	-31%	1か月	2020年2月12日	2020年3月19日

高値安値は終値ではなく、その日の高安の株価

「自分で経験することほど何かを上手に学ぶ方法はない」（アルバート・アインシュタインの言葉）といわれます。
その一方で、歴史から学んでいるはずなのですが、経済環境が良好で上昇相場が続くと人は忘れてしまいがちです。
「人間が歴史を学んでわかることは、人間は歴史から何も学ばないということだけだ」ドイツの哲学者ヘーゲルの言葉です（ヘーゲルの主著『歴史哲学講義』）。

どのような環境でも、値動きを補い合う銘柄を複数保有し分散投資によりリスク低減を図ることが必要です。

株が乱高下しても分散投資で損をしない法

株式投資では、どのような環境でも安心して保有を続けられる業種の中から一部の銘柄を保有しておくというのも対策のひとつです。それは、景気に左右されにくい「ディフェンシブ銘柄」です。例えば「食品」「トイレタリー」「医薬品」「通信」「電気・ガス」が当てはまります。

このような業種は、景気後退の局面であれ、どのような経済状況でも一定の利益を安定的に保ちやすいといえます。これまで挙げてきた複数の投資指標を照らし合わせて、これらの業種から銘柄を選んでおきましょう。株価の乱高下が怖いという方はこのようなディフェンシブ銘柄を組み入れて保有しておくことをおすすめします。

例えば、食品ではＪＴ、トイレタリーでは花王、医薬品はアステラス製薬、大塚ホールディングス、通信はＫＤＤＩ、日本電信電話といった銘柄群です。そして、暴落時には、景気敏感株を安くなったところで拾っておきましょう。景気敏感株とは、鉄鋼、機械、化学など好景気により業績が好調な伸びを見せる業種です。例えば、鉄鋼では日本製鉄、機械ではコマツ、クボタ、竹内製作所、化学では三菱ケミカルグループなどの銘柄です。

景気が拡大していく局面では、株価も上昇基調を強め値上がり益が期待できます。高値圏では利益を確定し、また暴落時で買うという方法を取ることで運用資産を守っていきます。

株の特性を理解して投資する

〈景気敏感株とディフェンシブ株を保有〉

どのような環境でも安心して保有を続けられる銘柄を長期保有。


株価が全体的に低下したときは、「景気敏感株」をピックアップ。

景気拡大期に安く買って保有した「鉄鋼」「機械」「化学」銘柄の値上がり益を狙う。ただし、個別の企業の状況を分析することが重要。

ディフェンシブ銘柄	
業種	銘柄例
食品	JT、味の素
トイレタリー	花王、ユニ・チャーム
医薬品	アステラス製薬、大塚ホールディングス
通信	KDDI、日本電信電話

景気敏感株	
業種	銘柄例
鉄鋼	日本製鉄、合同製鐵
機械	コマツ、クボタ、竹内製作所
化学	三菱ケミカルグループ、東京応化工業

〈複数のモノサシを使って投資先を厳選〉

人気度	市場からの評価	収益性		海外投資家からの注目度	財務の安定性		株主還元	
PER	PBR	ROE	ROA	外国人保有比率	自己資本比率	有利子負債	配当利回り	配当性向

外国人投資家が注目していない銘柄にも目をむけてみましょう。

株式市場では大きなお金を動かす機関投資家や外国人投資家の売買動向が株価に大きく影響します。

株価暴落時にはその影響を抑えるために、外国人特殊比率5%以下の銘柄も一部保有しておくとよいでしょう。

ただし、外国人投資家から注目度が低い企業は、単に魅力がないと評価されていることもあるため、複数のモノサシでチェックしましょう。

企業の上り坂、下り坂 「まさか」のときの冷静な判断が肝

「信頼を築くは一生、失くすは一瞬」といわれます。投資先の企業に対しても私たち投資家は「まさか」という出来事に遭遇することがあります。企業を信じて投資していたところ、不意に裏切られたときです。企業の裏切りとは、粉飾決算をおこなうことや、商品やサービスにかかわる品質管理に関する試験などの不正により、本来公表されていたものと異なる商品や情報を世に出してしまうということです。

近年、特にコンプライアンス違反は世界から厳しい指摘を受けます。不正の内容や数の多さ、長期にわたりおこなわれていたともなると、事態はかなり深刻です。このような企業が起こす事故や事件により、投資家は離れていき、株価は下落していきます。世界的な大手企業でも、不正経理を防ぐことができず、不正が発覚し、事業の巨額損失で経営危機に陥り上場廃止になっています。財務状況の安全性を企業が開示する財務データから調べて投資したとしても、そもそもの財務データが改竄《かいざん》されたものであったら、投資家を保護するための情報も何の意味もありません。

このように企業が法令や社会的規律に反したことが発覚したときは、国内外から厳しい評価を受け、株価の暴落につながります。不正の情報が表に出たときは、損失が大きくなる前に一旦売却を検討するタイミングと捉えておきましょう。

不正行為を働いた企業の株は？

金融商品取引法に基づく開示制度
「事業内容等を開示する制度」

企業は事業内容、財務内容を正確、公平かつ適時に開示する

↓

投資家が十分に投資判断できるよう
投資家保護と市場の公正性・透明性を確保する制度

事業・財務の開示情報に虚偽の記載があった場合、
その上場会社の株価は大幅に下落

↓

投資家に不測の損害をもたらす

↓

その上場会社は信用を失い、状況によっては上場廃止も

株式投資の適正な運用期間と金額の考え方

成長投資枠での株式投資において、上手に資産形成を果たせるよう4つのアプローチを押さえましょう。①複数の銘柄や業種に投資をする「分散投資」、②自分が受け入れられるリスクの範囲で投資をする「リスク管理」、③株式は短期的な価格変動がありますが、長期的には経済成長とともに上昇することが期待できる「長期投資」、④市場の動向を理解する「情報収集と体験学習」です。

成長投資枠は年間２４０万円を限度額まで利用すると5年間、年間１２０万円の投資をすると10年で生涯投資枠１２００万円に到達します。投資は、自分が取れるリスクの範囲内、つまり自身の家計状況を踏まえ無理のないペースで進めることが大切です。早期に結果を出そうとせず、長期投資により運用資金を育てていきます。

お金を引き出すときはお金が必要なときです。その時期に合わせて長い目で見て投資をしていきましょう。過去30年においてどれくらい株価が変化したかを表す騰落《とうらく》率を見てみると長期投資の効果が表れている例があります。ニトリホールディングス（42倍）、キーエンス（43倍）、ＨＯＹＡ（41倍）、ダイキン工業（31倍）、ユニ・チャーム（16倍）というように大きな値上がりを示す企業もあります。左図では、景気に左右されにくく、一定の利益を伸ばし、配当の株主還元も拡充している企業に注目してみました。

どの株をどのくらいの期間、保有するのか？

銘柄	業種	コード	株価(円) 1994年1月末	2004年1月末	2024年1月末	20年で何倍になったか(倍)	30年で何倍になったか(倍)
ニトリホールディングス	小売業	9843	456.9	1,541.0	19,265.0	13	42
キーエンス	電気機器	6861	1565.1	4,130.0	66,580.0	16	43
HOYA	精密機器	7741	465.0	2,602.5	18,945.0	7	41
ダイキン工業	機械	6367	770.0	2,435.0	23,885.0	10	31
ユニ・チャーム	化学	8113	314.4	560.0	5,088.0	9	16

（※）1994年1月末、2004年1月末株価と2024年1月末日の終値を比較。

〈景気動向に大きな影響を受けず一定の利益を伸ばし、連続して増配し株主還元にも拡充している企業例〉

連続増配の銘柄とは、中長期にわたって配当を増やし続けている銘柄です。増配を継続できる銘柄は安定した財務基盤を備えていると見込め、かつ中長期的に業績を伸ばしている企業が多く見られます。今後も持続的な利益の成長と配当の増配を期待して注目です。

銘柄	証券コード	株価(2月9日)(円)	予想配当(円)	予想配当利回り(%)	人気度	市場からの評価	収益性		海外投資家からの注目度	財務の安定性	
					PER(倍)	PBR(倍)	予想ROE(%)	予想ROA(%)	外国人保有比率(%)	自己資本比率(%)	有利子負債(百万円)
花王	4452	5,626.0	152	2.7	26.69	2.63	4.1	2.3	33.4	56.8	141,712
アステラス製薬	4503	1,615.5	70	4.3	49.94	1.99	5.2	2.4	44.0	46.3	889,612
塩野義製薬	4507	7,252.0	150	2.1	13.39	1.91	12.8	11.0	34.5	85.8	0
ロート製薬	4527	2,964.0	27	0.9	23.32	3.24	12.5	8.7	30.0	69.4	9,994
小林製薬	4967	6,202.0	98	1.6	22.78	2.62	9.4	7.5	20.0	79.1	0
長瀬産業	8012	2,400.0	80	3.3	12.13	0.74	5.8	2.9	26.6	49.1	156,381
ユニ・チャーム	8113	5,069.0	40	0.8	33.24	4.37	11.9	7.2	31.9	60.5	30,449
日本電信電話	9432	180.8	5	2.8	12.12	1.76	14.3	5.00	19.4	34.7	9,117,948
KDDI	9433	4,467.0	140	3.1	13.72	1.93	13.4	5.4	26.4	40.2	1,583,228
サンドラッグ	9989	4,470.0	114	2.6	19.22	2.20	11.1	7.4	28.0	66.1	0

2024年2月会社四季報データより作成

ＮＩＳＡで資産形成するための金融機関の選び方

ＮＩＳＡ口座を開設できる金融機関には、ネット証券、総合証券、銀行などがあります。新ＮＩＳＡではつみたて投資枠と成長投資枠の併用ができますが、成長投資枠の投資対象である株式やＥＴＦ、ＲＥＩＴという金融商品は銀行では購入できません。新ＮＩＳＡで高配当や株主優待銘柄を買いたいと考えている方は、ネット証券または総合証券を選ぶ必要があります。

新ＮＩＳＡは、生涯非課税で投資できる枠が１８００万円（成長投資枠１２００万円）で投資期間は無制限となっているため、一生付き合っていく資産形成の制度となります。末永く利用できる金融機関という意味では、つみたて投資枠で購入できる取扱商品が豊富で、「成長投資枠」で買える国内株式や外国株式も充実しているネット証券をおすすめします。

ネット証券は取引コストの面でも軍配が上がります。ネット証券間の競争により、大手ネット証券では、株式の売買手数料を完全無料化しています。ただし、留意点もあります。取扱商品が多いネット証券は、選択肢が豊富ゆえ自分に適した金融商品を自ら選ぶ知識や分析力が必要となり不安に感じる方もいるでしょう。対面でのサポートが得られるほうがストレスなく適応できるという方は、対面形式の証券会社で始めたほうがよいでしょう。ただし、対面形式で相談はできても、証券会社のおすすめを買うのではなく、投資先は自分の責任で選びます。

各金融機関の特徴

	ネット証券	総合証券（対面）	銀行
特徴	・取扱商品が豊富 ・手数料が安い ・取引はネットで完結 ・対面サポートの代わりに、コールセンター・チャットを利用	・対面での相談が可能 ・手数料が高め	・対面での相談が可能 ・運用相談だけでなく、預金、保険、相続など幅広い相談ができる
上場株式やETF、REIT等の取扱い	あり 銘柄、配当＆株主優待がもらえる銘柄、IPO（新規上場）銘柄、ETFやJ-REITも対象（一部銘柄は対象外）		なし
つみたて投資枠で買える投資信託の取扱い本数	多い 218〜223本	少ない 10〜20本程度	少ない 4〜20本程度
成長投資枠の取扱い	多い 900〜1,153本	少ない 50〜180本程度	少ない 50〜340本程度
こんな人に向いている	・たくさんの選択肢から自分で選びたい人 ・個別株投資をしたい人 ・将来は外国の個別株式にも幅広く投資をしたい人	・自分で選んで自分で手続きをネットで完結することに不安を感じる人 ・資産運用について相談しながら決めたい人	・新NISAでは投資信託しか投資しないと決めている人 ・相続など他の用途でも総合的に一か所で相談したい人

（※）2024年2月9日時点
すべての金融機関がいずれかに該当すると断定するものではありません。

新NISAを開始して途中で金融機関を変えたくなったら

新NISAを始めて、他の金融機関に変更したくなることもあるかもしれません。そのような場合1年間に1回、金融機関を変更することが可能です。

変更前のNISA口座にある投資信託や株式などの金融商品は、そのまま保有しておくことができます。

NISA口座の変更が認められている期間は、NISA口座の変更を希望する前年の10月1日から、変更を希望する年の9月30日までです。ただし、保有しているNISA口座で商品の取引を1度でもすると、その年にNISA口座の金融機関の変更ができず、その翌年からの変更となります。

金融機関によっては、運用商品の買い付けでポイントが付与され、貯まったポイントを投資に利用できます。自分のライフスタイルに合った経済圏で金融機関を選ぶことは、便利さやサービスの利用度を高めます。

一方、NISA口座の変更でのデメリットも押さえておきましょう。変更前のNISA口座で保有している金融商品は、変更後の新しいNISA口座へ移すことはできません。変更前のNISA口座にある金融商品を売却せずに保有し続けるときは、変更後のNISA口座で購入した金

こんなときはどうするの？

・NISA口座は1人1口座しか開設することができません。税務署のチェックが入るため、2つ目のNISA口座が開設されることはありません。
・NISA口座の金融機関を変更した場合でも、年間投資額は国税庁によって一括管理されます。各金融機関から提供された情報を国税庁により一定のクラウドを利用して管理されています。
・マイナポータル「もっとつながる」機能により、NISAの開設状況が確認できます。

〈金融機関を変えたくなったら〉

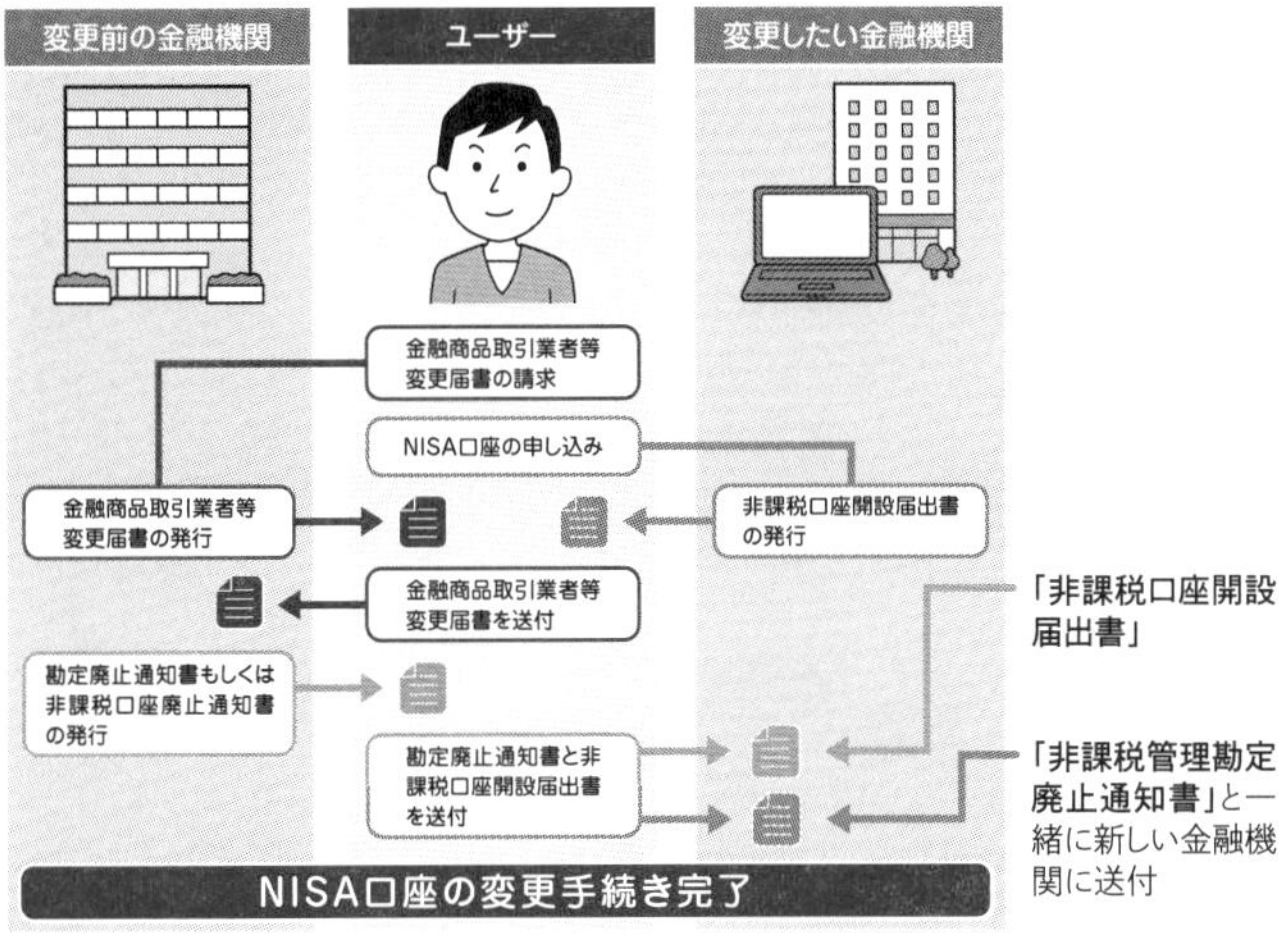

ステップ①
利用中の金融機関に「申請」をする
現在利用中のNISA口座がある金融機関に「金融商品取引業者等変更届出書」を提出。

ステップ②
利用中の金融機関から「非課税管理勘定廃止通知書」を受け取る

ステップ③
変更したい金融機関に「非課税口座開設届出書」を提出する

Q. 母が亡くなりました。母がNISA口座で保有している株式等はどうなるの？
A. 亡くなったお母さん（被相続人）がNISA口座で運用していた株式や投資信託は、あなた（相続人）の課税口座（特定口座・一般口座）に移換して運用することになります。

あなた（相続人）がお母さん（被相続人）のNISA口座で引き続き運用することはできません。
① 相続人は、死亡を知った日以降、金融機関へ「非課税口座開設者死亡届出書」を提出します。
② 相続が発生した時点で、評価利益があれば利益に対しては非課税です。
③「相続上場株式等移換依頼書」を提出して移換の依頼をします。
相続人の課税口座（特定口座・一般口座）に受け入れることになります。取得価格は相続発生日の時価です。
④ 被相続人のNISA口座と相続人の課税口座（特定口座・一般口座）は同一の金融機関となります。

なお、被相続人がNISA口座ではなく、課税口座で保有していた株式等を、相続人の課税口座へ移管する際は取得価格が受け継がれます（被相続人が購入した取得価格が相続人に受け継がれます）。

融商品と併せて管理する必要があります。ＮＩＳＡ口座の変更では、新しい口座の増加に伴い、口座管理の手間が増えることにもなります。

7章

新NISAをフル活用！お金と人生の万全プラン

ライフプランとマネープランをどう考えるか?

新しいNISAがスタートし、どの世代にも柔軟に活用できる資産形成の制度ができました。ただ、資産形成は何のためにするのでしょう。低金利の預金だけだと増えない、物価高に対応できない、給与が思うように増えない、将来に安心がもてないなど、気がつくと「〜ない」ことに不安になっていませんか。不安ゆえに資産形成が目的になっていないでしょうか。目的は資産形成だけでなく、自分や家族そして周りの人が幸せに暮らし、人生を豊かにすることでしょう。

誰とどのように暮らしたいか、何を実現したいか、自分の未来にむけてプランを立てるのがライフプランです。自分に合った場所で花咲かせれば十分幸せを感じるはずです。「他人」やいわゆる「平均」や「一般的」といわれる基準と比べるのではなく、自分はどうしたいかを大切にしてください。

人それぞれの価値観により、何を大切にするかは異なり、お金の使い方も千差万別です。ライフプランを実現するための裏付けとなるお金を準備していくのがマネープランです。プランを立て、実行すると、不安から解放され資産運用に集中できます。金融広報中央委員会「生活設計診断」や日本FP協会「ライフプラン診断」などライフプランのシミュレーションができるサイトを利用して、ライフプラン作成の手がかりとしてみてください。

人生全体のマネープランの一例

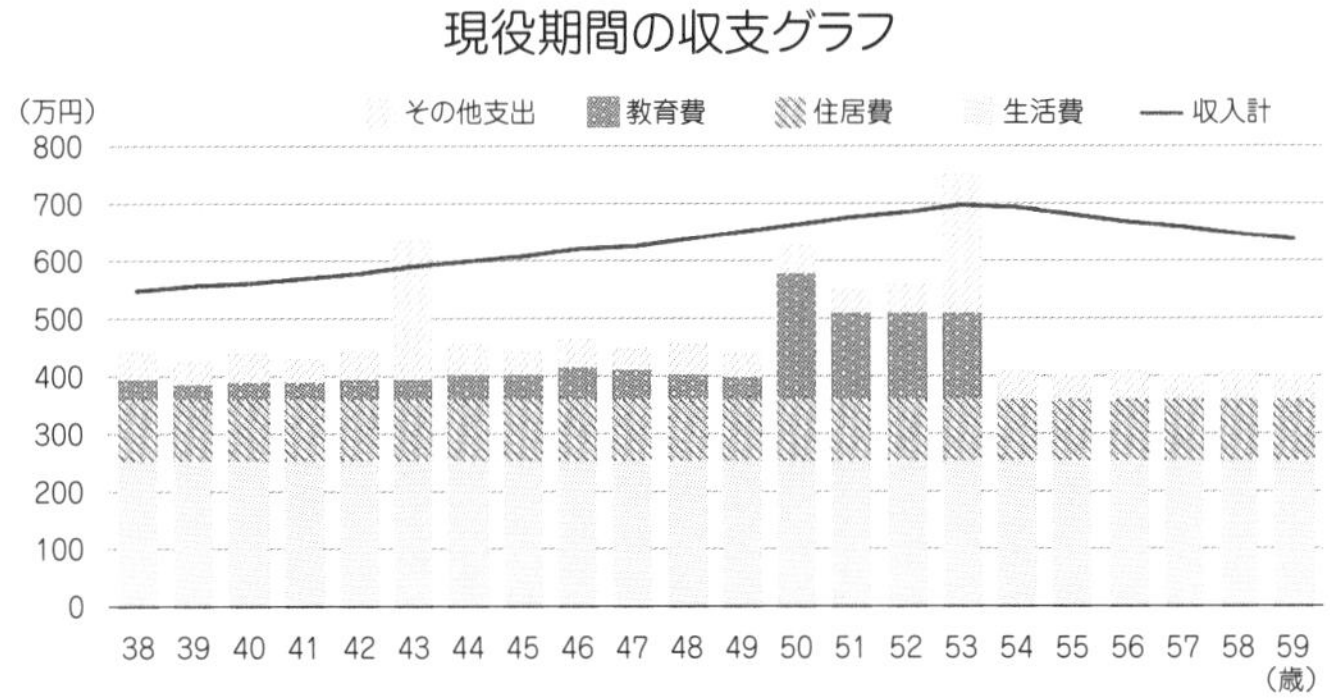

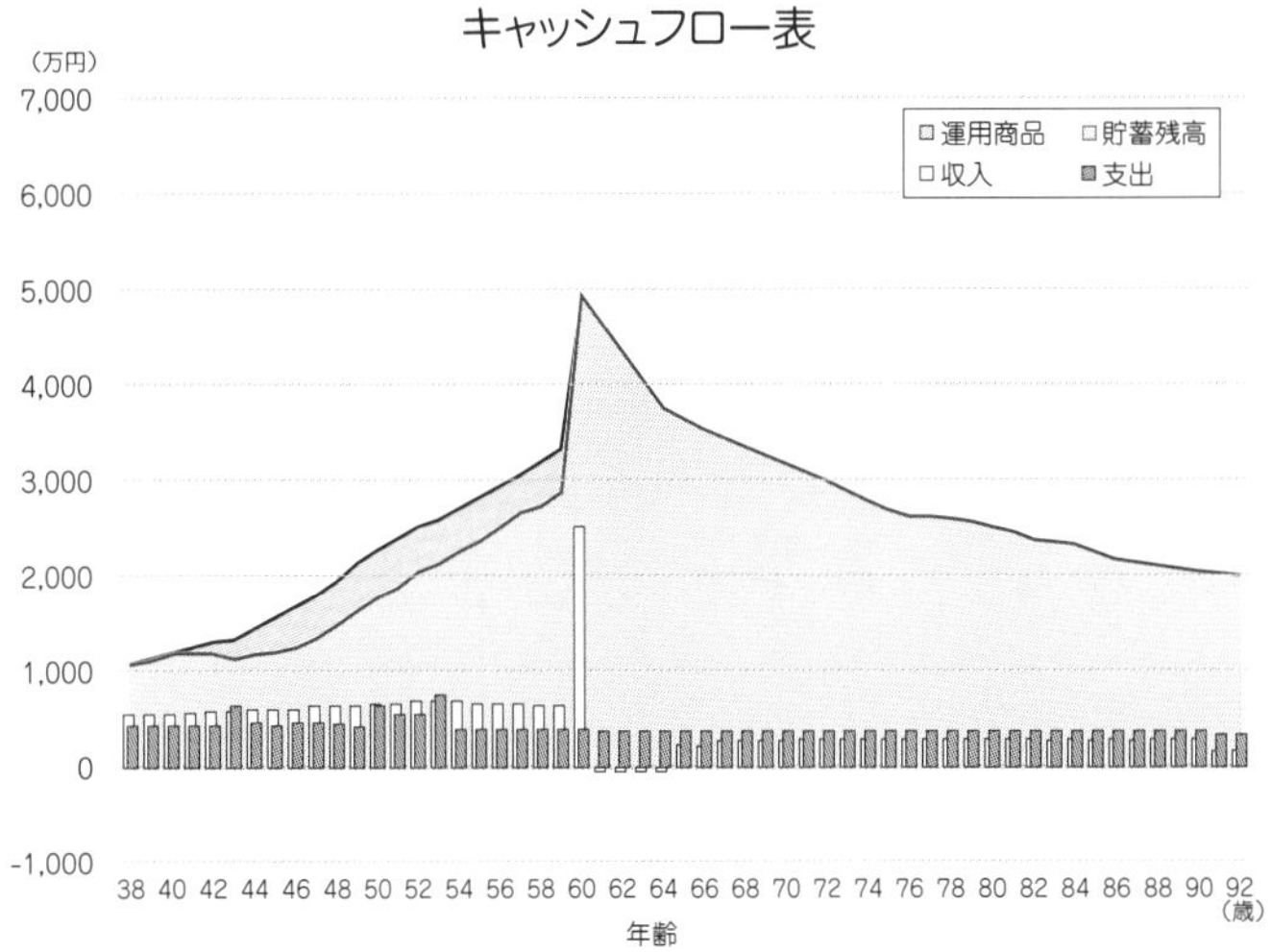

金融広報中央委員会「生活設計診断」の簡易診断で自身の状況を入力することで簡易診断ができキャッシュフロー表が表示されます（知るぽると）

ライフプラン・シミュレーションで将来像をイメージする

ライフプランは、将来のライフイベントを予測した計画で、教育費や住宅費、老後の生活費に備えることで、具体的なマネープランを立てることができます。このプランは、家族構成や収入状況、将来の計画などを想定することで、未来の収支状況を一覧で確認することができます。

ライフプラン表を作成することで、収入と支出、様々な項目を時系列で把握します。人生の各イベントに必要なお金と時期が明確になり、「いつまでに」「いくらあればよいか」といったマネープランの目標を立てやすくなります。大きな支出が予想される時期や、その時点で用意できる資金を把握することで、資金状況を予想することができるわけです。仮に家を購入する際、ローンを組む場合にも我が家の家計で無理なく返済していける月々の返済額はいくらかを試算し、購入可能な物件価格の予算を知っておくことは大切です。適切な購入時期や支払い方法を考えやすくなります。

現在の生活にかかる費用についても固定費を削減するなど、具体的な見直しにつなげられます。さらに、年間でどれくらいの資金を運用に回せるかを把握し、将来の目標のイベントにむけて必要な資金を逆算することで、具体的な運用計画を立てることができます。預金のほか、中長期的な資産形成として株式や投資信託、不動産などの投資も活用し、目標金額の達成を助けます。

人生でお金が必要な時期の例

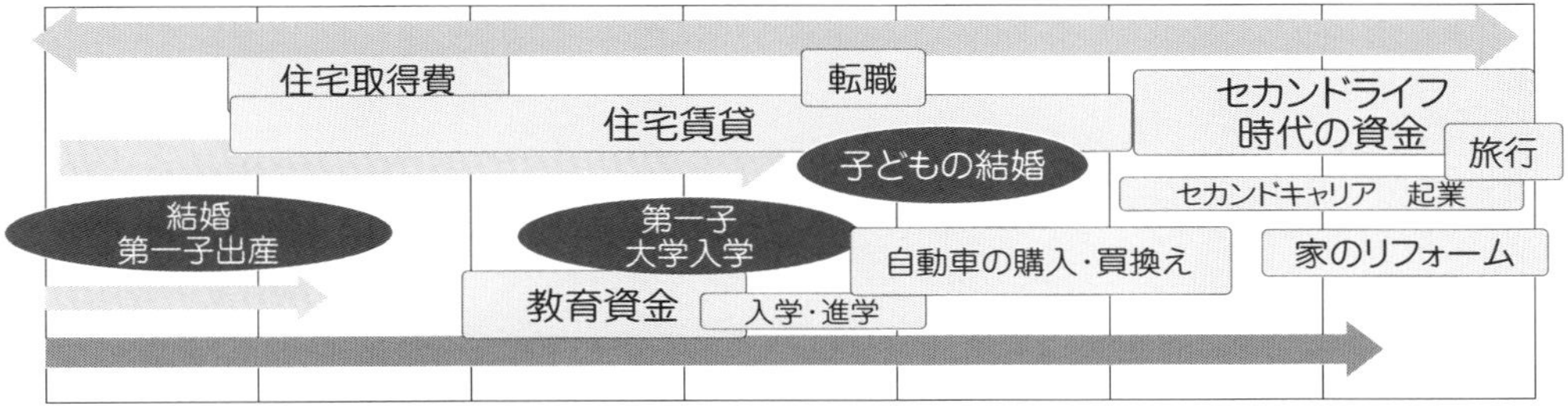

ライフイベント

〈時系列で把握〉

・年間（月々）の収入・支出
・金融資産の状況

〈自分の未来をイメージする〉

・自分の人生の目標や夢は何か
・どのようなキャリアを築きたいか
・何歳まで働くか
・どのように働きたいか
・セカンドキャリアは何をしたいか

定期的な見直しを！

人生には、〝まさか〟の不測の出来事が起こります。ライフプランの想定から大きく外れてしまうことがあります。病気やケガで一時的に就労不能になったり予測不能な出来事にも、冷静に対応できる精神力と経済力、そして冷静な判断力を備えておきましょう。人生の変化に合わせて目標を修正し、新たなライフイベントや経済状況に対応するため、ライフプランの更新や調整をおこないます。

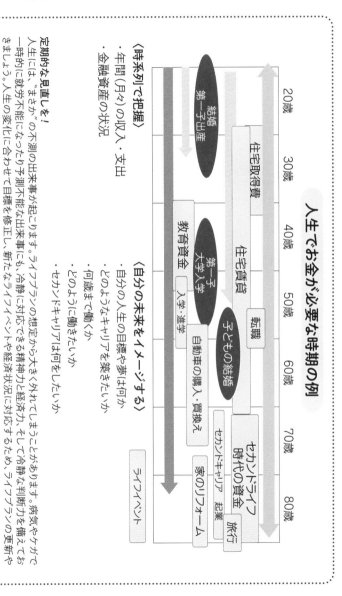

家計もバランス・シートをつくっておこう

3章で触れたように、バランスシート（貸借対照表）は資産と負債がどれくらいあるか、財政状況をまとめた決算書（財務諸表）のひとつです。企業だけでなく、家計もバランスシートを作成することで我が家の財産が一目で把握できます。

家計は、特に住宅ローンや車のローンなどの借入れがある場合、家計の全体像を把握するにはバランスシートが役立ちます。バランスシートの資産、負債、純資産の3つの部分は、家計の場合は次のようになります。資産は、預金、株式、不動産、保険、債券、持ち家、地金、宝石、絵画などのお金に換えることができるプラスの財産です。負債は、奨学金、住宅ローン、その他ローンです。純資産は資産と負債の差額です。

資産は現時点で現金化すると実際に受け取れる金額を当てはめます。例えば、持ち家の資産額は今売却したらいくらになるか、近隣の取引価格を参考に想定します。負債は現時点で返済が必要な金額（残高）を計上します。負債がある場合でも資産がそれ以上にあれば、財産は多いといえます。逆に負債のほうが大きければ、保有する資産をすべて売っても、借りているお金をすべて返せない状態です。企業では自己資本比率40％以上を目安として安全性を見るといいましたが、家計も同様で、我が家の財産の全体像とバランスを確認しておきましょう。

家計のバランスシートの一例

（万円）

資産			負債		
流動資産	預金	500	流動負債	住宅ローン(今年)	200
	株式	200		車のローン	50
	投資信託	800		奨学金	10
固定資産	不動産（自宅など）	3,500	固定負債	住宅ローン（来年以降）	2,800
	自動車	100		奨学金（来年以降）	190
	終身保険	100	純資産		
	終身保険	100			
	確定拠出年金	200			2,250
		5,500			5,500

資産
お金に換えることができるプラスの財産

負債
ローンなど返さなければいけないマイナスの財産

純資産
資産から負債を差し引いて最終的に手元に残るお金

資産の合計－負債の合計＝純資産
5,500万円－3,250万円＝2,250万円

いつ使うのか、によってお金を色分けする

お金をいつ、何に使うかにより色分けしておくと、お金の預け先、投資先について整理がしやすくなります。では、使う目的や時期によって、お金をどのように分ければよいでしょうか。

いつも使うお金は「短期」、数年先に使うお金は「中期」、将来のために使うお金は「長期」に分けることで、預け先の金融商品を定めやすくなります。使う時期が違うと、お金の性格が異なるので、預け先はそれぞれに適した商品を選ぶことになります。お金の性格とは、流動性、安全性、収益性の何が重要と考えるかにより分けられます。

いつも使うお金「短期」は、日々の生活費のため、換金性、流動性を重視します。「中期」のお金は、5年先の住宅取得費などの用途で、その時期まで確実に準備しておくことを重視します。「長期」のお金は、10年以上先のリタイア後や、生まれたお子さんの大学入学費用など、じっくり時間をかけて増やすことを重視します。

お金を使う時期まで時間がある「長期」のお金は投資を活用しながら、資産形成することが可能です。生活費として使う「短期」のお金はもちろん、数年先に使う「中期」のお金は収益性を重視した投資ではない金融商品が適切です。ただし、何年後に必要となるかを考慮し、準備に少し時間をかけられるなら運用商品で分散投資することも方法のひとつです。

長期・中期・短期の色分け例

日常使うお金
（短期）

- 生活費
- 緊急予備資金

目先の使い道が決まっているお金なので、元本の安全性を重視しなければいけないお金。

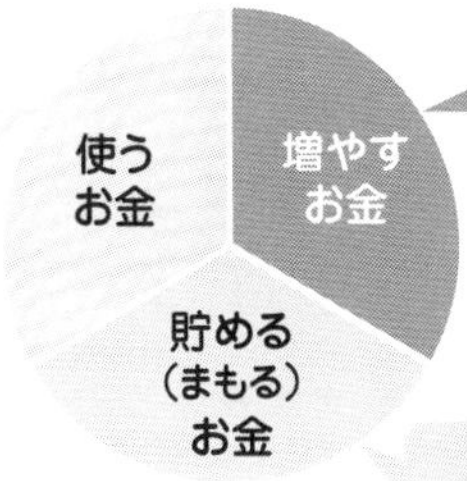

将来のために使う
お金（長期）

- リタイア後の資金など

数年のうちに使い道が
決まっているお金（中期）

住宅資金・教育資金・結婚資金など数年後に使い道が決まっているお金。

お金の性格と金融商品

	目的	必要となるお金の性格		金融商品の例
使えるお金	生活費	流動性重視	元本が確保され必要なときにいつでも換金できることが重要	普通預金など
	病気・事故などの緊急予備資金		元本の安全性と換金性の高いもの	
貯めるお金	教育資金 住宅関連資金	安全性重視	安全性を考慮しつつ、目標に応じて一定の収益性も期待したい。必要に応じて換金できることが重要。 何年後に必要となるかを考え、期間に応じた商品で運用。長期間であれば、インフレなども考慮した運用を分散投資することも方法のひとつ	定期預金 個人向け国債 社債など 〈長期であれば〉 投資信託 株式
増やすお金	リタイア後の資金	収益性重視	目標金額・時期によって運用対象は異なる。長期間であれば分散投資も検討	国内株式 株式投資信託 外国株式 外国株式投資信託

投資にまわすお金を確保する鉄則とは

投資にまわすお金は、生活費や緊急時の費用に影響を与えることがないお金、10年以上先に使うお金です。数年先に使う予定のお金も分散・積立投資の方法であれば投資に振り向けてもよいでしょう。まず、目標を定めて積立目標額を決めましょう。「何年後に」「いくら」にしたいかという目標時期と目標額を明確にします。次に、目標額を達成するためには毎月の積立額をいくらにすればよいか計算します。起業、大学入学費用などそれぞれの目的に応じた目標額のため、毎月積み立てて増やすようプランを立てます。

肝心なのはどのように備えていくかです。増やすお金は、給与天引きや口座自動引落により先取りし「貯まる仕組み」をつくるのが鉄則。「増やすお金は残ったお金で」と思っていると、外食やぜいたく品、使途不明金に消える可能性が高いのです。

増やすお金を先取りした後の金額を手取りと考えてやりくりすれば、倹約にもつながり、今月は貯蓄できなかったということもなくなります。

例えば、目標額1000万円を20年後に達成するためには、毎月3万円先取りし想定利率3%で運用できる商品に投資するというプランになります。金融庁の「資産運用シミュレーション」で毎月の積立金額、想定利率、積立期間を入力すると資産計画をイメージすることができます。

投資の資金をつくる3つのステップ

ステップ1
積立目標額を決める

→ **20年後に1,000万円貯める！**

ステップ2
目標額を達成するため毎月の積立額を計算する

→

毎月の積立額は?	
積立	**3万円／月**
想定利率	利率3%
20年後	1,000万円

ステップ3
「増やすお金」を先取りして積み立てる！

→ 増やすお金は先取り貯まる仕組みに！

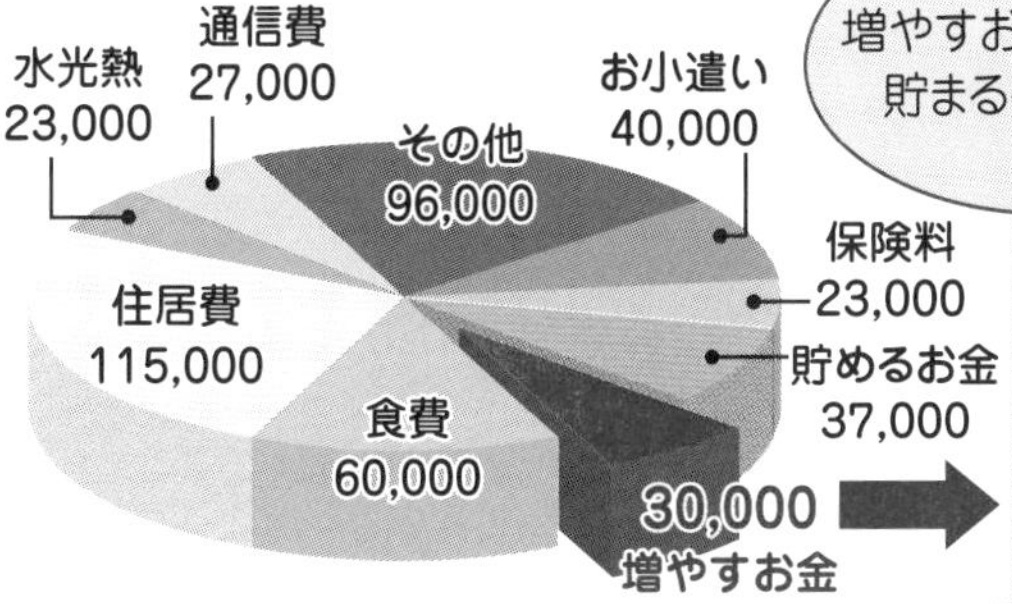

貯まる仕組みをつくる
- 自動口座振替
- 給与天引きなど

金融庁
「資産運用シミュレーション」

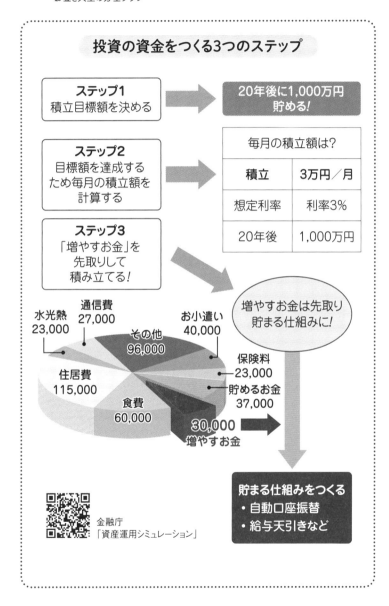

資産形成には、資産配分の定期的なメンテナンスを！

資産形成で重要なことは、長期にわたり分散投資でリスクを抑えてマネープランを実行していくこと。資産配分が運用成果を左右するといわれますが、資産をどのくらいの割合で組み合わせて投資するのがよいのでしょうか。それは許容できるリスクの度合いにより異なります。リスク許容度は、年齢、投資期間、収入、保有資産、投資経験、運用知識、性格、家族構成などの要因によって測られるため、個人差があります。リスク許容度の高い人は国内外の株式を多めにするといった資産配分を、リスク許容度の低い人は国内外の株式を少なめにして債券を多めにするといった資産配分が一例です。ただ、一度運用の資産配分を決めたらそれで終わりではありません。運用環境により株式が上昇し株式の配分が高くなると、当初よりリスクの高い資産の持ち方に変わってしまうことがあります。その場合には、元の配分に戻すリバランスが必要でしょう。また、若い方はより長期間の運用ができるため、株式を多めに配分することが可能ですが、年齢が高くなるにつれ残りの運用期間を想定し株式の比率を下げて運用したいと考えるようになる場合があります。その際には、資産配分そのものを変更するリアロケーションをおこないます。

このように自分の考え方や資産状況の変化に応じて、定期的に運用状況を確認しメンテナンスをしていきましょう。

資産配分の見直し方とその一例

「プランの作成→実行→運用状況の確認・管理」というサイクルで点検をおこなう。

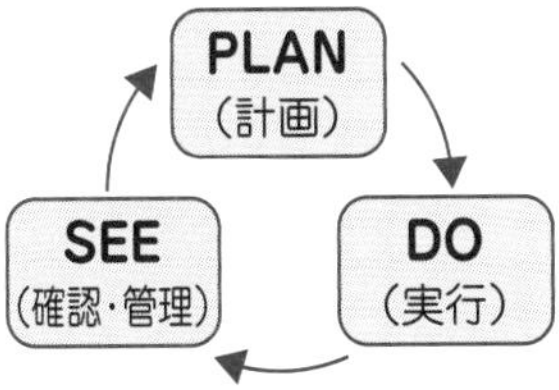

〈リバランス〉

変化した配分比率を当初の配分比率に戻すことをリバランスといいます。当初の配分比率、株式50%、債券50%。1年後、株式が56%、債券が4%値上がりすると、資産配分は株式60%、債券40%となり、当初よりリスクとリターンの高い資産の持ち方になってしまいます。

そこで値上がりした株式を売却し、配分が下がっている債券を買うことで当初の配分に戻します。

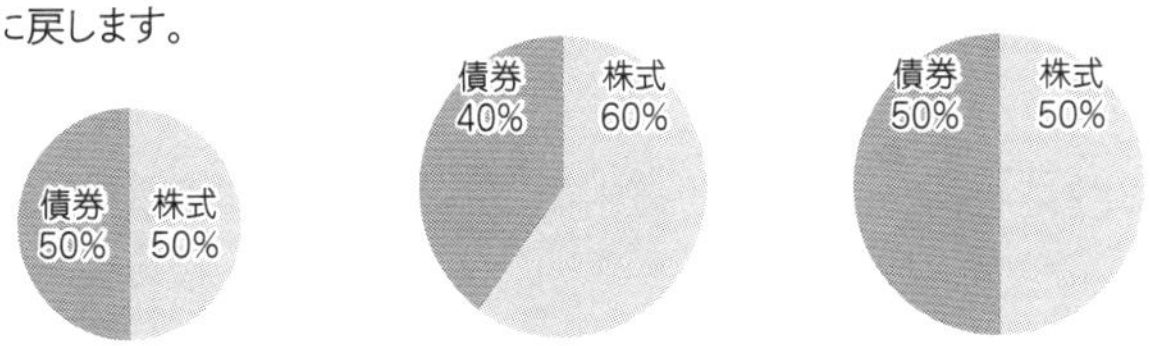

株式：50万円
債券：50万円
投資金額：100万円

株式：78万円
債券：52万円
1年後の資産総額：130万円

株式：65万円
債券：65万円
リバランス後の資産総額：130万円

〈リアロケーション〉

投資目的やリスク許容度が変わったときに、資産配分の方針を変更することを「リアロケーション」といいます。

年齢に応じて運用期間が短くなるなどにより、リスク許容度が変化したときに、当初の想定よりもリスクとリターンを小さくし安定的な運用に変えます。

〈例〉投資期間が短くなった場合

新NISAの特徴をフル活用しスキルや経験のためにも投資を！

新NISAは、つみたて投資枠でコツコツ投資、成長投資枠でボーナスが出たら投資、まとまった資金を投資するなど様々な形での投資が可能です。また、非課税保有限度額は、売却すると、翌年以降、投資枠が復活し、再利用することが可能です。投資の方法、使い方にも自由度があるため、将来のために備えるばかりではなく、必要なタイミングで一部引き出し、「今の自分」にお金を使うことを優先してもよいでしょう。

今の時代に当然と考えられている物の見方や考え方が劇的に変化することもあるでしょう。投資先は、金融商品だけでなく、自分のスキルや経験を積むことへも積極的に振りむけるべきです。若いうちに培ったスキルや経験がのちに大きな資産に変わると考えられます。生きていくうえでお金は必要ですが、人生を豊かにするのはお金ではありません。

成長投資枠を活用した「株式投資による運用」は、資産形成だけに終わりません。「道は好むところによって安し」といいます。熱中できるテーマに絞れば、それについて調べることや考えることが苦にならないはずです。好きなテーマへの投資を広げていくと相場観も身につきます。長い投資経験の中では、経済・金融危機、災害などを経て相場の変動を経験し、それらを乗り越えることで磨かれた目利き力は生きる力となるでしょう。

投資と使い方を考える

新NISAで資産形成

・資産形成は、ライフプランを考えるきっかけになり、自分の価値感や目標を見つめ直す機会になります。

・資産形成を通じて、投資や経済についての知識を深めることができます。

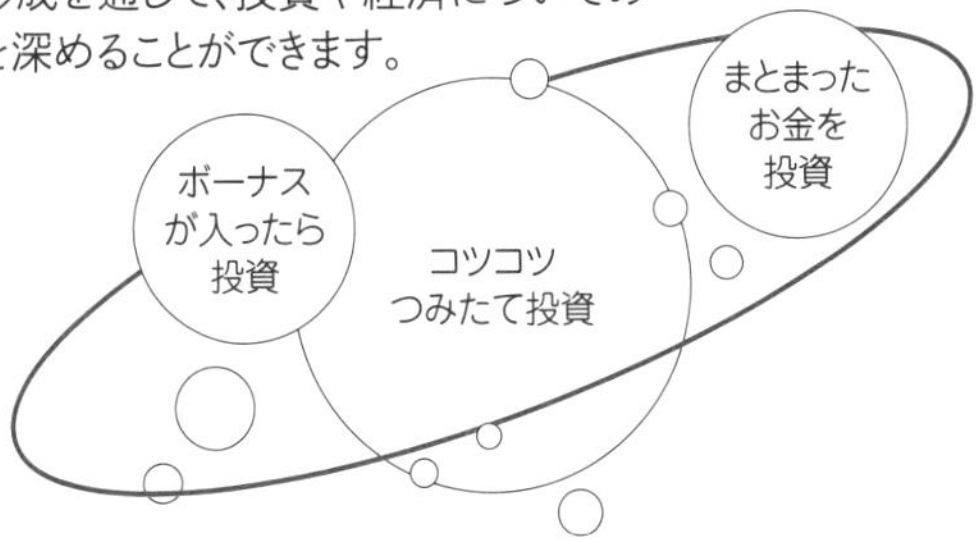

投資経験を生かして、リタイア後もお金を長持ちさせる

2,000万円を毎月10万円（毎年120万円）使いながらお金を運用した場合

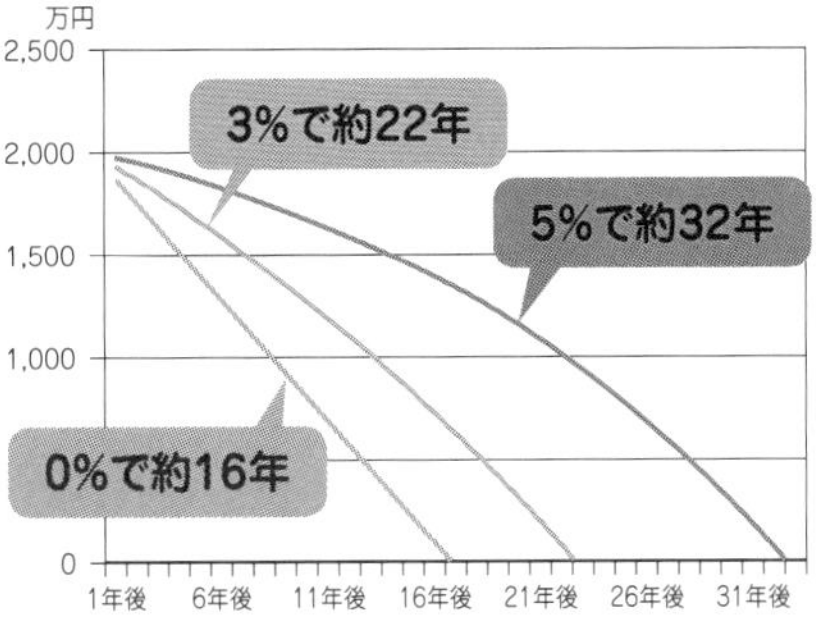

2,000万円をまったく運用せず、毎月10万円ずつ使っていく場合は、約16年で使いきってしまいます。

・利率3%で運用した場合、約22年まで

・利率5%で運用した場合、32年後まで資金を長持ちさせることができます。

おわりに

人生100年時代といわれる今、長く生きることができるのはすばらしいことですが、お金の心配もつきません。投資をはじめる意義として、長生きリスクやここ数年のインフレ傾向への対応があげられます。

投資先として私が国内の株式を選好するには理由があります。投じたお金が巡り巡って、私たちの暮らす街、社会全体を豊かにすると期待をもって暮らしていきたいからです。

みなさまにも、人生を楽しくする推し株を見つけて、日本に明るい展望を抱きながら暮らしてほしいという願いを込めました。

幸せな未来は自分でつくるものです。

最後に、このたびの執筆をサポートしてくださった出版プロデューサーの長尾義弘氏をはじめ、日ごろよりご指導いただいていますFP業界の関係者のみなさまには心より感謝申し上げます。

この本が、少しでもみなさまの資産づくりを楽しくする一助となれば幸いです。

村松祐子 むらまつ・ゆうこ

ファイナンシャルプランナー、FPコスモス代表。上智大学文学部哲学科卒業後、大手証券会社に就職、外国株式部配属。外資系証券会社を経て資産運用、経済・市場調査の経験を踏まえ現職に至る。株式調査部での経済・株式の調査の経験から市場調査や銘柄分析の面白さを知り、投資の原点となっている。様々な団体から講師依頼を受け、学校、企業、金融機関でのセミナーを通じて金融・投資教育をおこなっている。個人の資産形成においても個々にサポートをしている。株式市場調査と分析25年の経験により「私の推し株発見！大人のたしなみ 株活サロン」を運営。少人数制のサロン形式で茶道や華道をたしなむように株式選びをたしなみ、株式の新たな楽しみ方を指南。

CFP®(日本FP協会認定)、1級ファイナンシャル・プランニング技能士。証券外務員1種、社会福祉法人 横浜社会福祉協議会 資産運用委員。同協議会 年金共済事業運営委員。放送大学 非常勤講師。

【HP】 【Instagram】

新NISA成長投資枠で
お金を増やす！

二〇二四年三月二〇日 初版印刷
二〇二四年三月三〇日 初版発行

著 者――村松祐子

企画・編集――株式会社夢の設計社
〒一六二-〇〇四一 東京都新宿区早稲田鶴巻町五四三
電話（〇三）三二六七-七八五一（編集）

発行者――小野寺優

発行所――株式会社河出書房新社
〒一五一-〇〇五一 東京都渋谷区千駄ヶ谷二-三二-二
電話（〇三）三四〇四-一二〇一（営業）
https://www.kawade.co.jp/

DTP――アルファヴィル

印刷・製本――中央精版印刷株式会社

Printed in Japan ISBN978-4-309-29383-7